U0067219

諮商實務有聲圖書（二）

學習手冊

作者簡介

蕭文（總策畫）

　　國立暨南國際大學輔導與諮商所教授兼所長

鍾思嘉（協同策畫）

　　國立政治大學心理研究所教授

林祺堂

　　國立彰化師範大學學生輔導中心兼任老師

劉志如

　　國立東華大學臨床與諮商心理學系副教授

吳秀碧

　　大仁技術學院幼兒保育系教授

饒夢霞

　　國立成功大學教育研究所副教授

楊瑞珠

　　美國 Governors State University 教授

吳英璋

　　國立台灣大學心理學系教授

陳皎眉

　　國立政治大學心理學系教授

周玉真

　　玄奘大學應用心理學系助理教授

郭麗安

　　國立彰化師範大學輔導與諮商學系所教授

序言

民國七十八年，教育部有鑑於教師輔導技巧的重要性，乃委託本人攝製了一套諮商技術的錄影帶，這一套錄影帶雖然在拍攝技巧或內容構念上都有些粗糙，但卻是國內第一套正式流傳的有聲諮商實術教材，許多學校和機構在使用後直接或間接的提供了許多寶貴的意見，其中尤其以如何應用諮商技術於校園各類問題上，最具啓發性。民國八十四年，心理出版社總經理許麗玉女士來彰化師大商討如何有系統的出版諮商與輔導書籍，以回應社會急劇的需求，本人乃將上述意見提供許總經理參考，未料獲得強烈的贊同，乃有第一套以校園問題爲內容的諮商實務有聲圖書出現，然而這一套的攝製並不能滿足諮商實務工作者對專業知識與技巧的渴求，於是將這些意見以具體的計畫提出，內容包括近幾年來因社會變遷對校園和社會衡量所形成的各類問題與輔導專業知能的需求，在心理出版社的再度支持下，乃有本輯諮商實務Ⅱ的有聲圖書問世。

劇本的編製往往是反映劇集的靈魂，正因如此，本人特別商請政治大學鍾思嘉院長，以其多年在輔導工作上的經驗與創意，共同來邀請國內目前在不同專業領域的教授，大家一起來創造一套前所未有的有聲圖書，這個訊息很快獲得政大教授陳皎眉、台大教授吳英璋、成大教授饒夢霞、高師大教授楊瑞珠，還有彰師大教授郭麗安和吳秀碧等人的支持，每位教授依其專長與對主題的豐富經驗，經過了一年的策畫後，終於在今年（民 88）問世，這套新的諮商實務有聲圖書所涵蓋的問題正是近年來大家所關切的主題，

包括校園危機處理、校園精神疾病、兩性教育、情緒教育、班級團體輔導、親師溝通、生涯規畫、短期諮商、行為改變技術，以及諮商督導等十輯。此外，每位教授再以書面文字輔以參考，可謂盡善盡美矣！

　　十年來，從第一套諮商技巧的攝製開始，到諮商實務問題解決的提供，乃至於現在這套對諮商專業知識的推廣，處處可見國內對輔導與諮商的需求。這一條漫長的路多虧有這麼多的學者專家鼓勵，這麼多的幕後英雄協助，還有心理出版社的大力支持，才能開啟國內諮商與輔導有聲圖書的序頁。這一輯的出版當然不會是個句點，未來還有更多有深度的有聲圖書會陸續問世，此刻，本人仍以最感激的心謝謝所有關心的人，希望將來會有更精彩的作品問世。

蕭文　謹序
民國八十八年元月

目　錄

1

短期諮商

蕭 文
林祺堂

一、前言

　　短期諮商，主要是在一個有限的時間架構內促使改變發生。隨著社會對諮商效率的要求，對諮商績效的重視，為了增進探討諮商歷程和效果研究的便利性，以及危機處理的介入，為了問題解決諮商模式的趨勢，並考慮到實務工作上的人力，以及大多數當事人願意或準備接受晤談的次數有限，短期諮商乃因此應運而生，並成為諮商模式的發展趨勢。為了能夠在有限的時間內協助個案解決問題，因而在諮商的方法上，較之所謂傳統的或長期諮商有相當程度的修正（蕭文，民 85）。

　　然而，所謂的短期諮商，並非只是長期諮商的縮減版。它以當事人為導向，相信當事人擁有資源解決自己的困擾。雖然時間成本的限制等因素促成了短期諮商的趨勢，但不應被這些因素所誤導而忽略掉短期諮商的真正精神。重要的是，短期諮商本身就具有良好的理論基礎，能呼應到當事人的需要，才可帶來有效的處理。隨著社會的轉變，不同時代的人有著不同的特色和需求，能夠因應當事人需求的諮商就變成了趨勢。

　　Steenberger（1992）將短期諮商學派整理為三類：(1)心理動力學派取向；(2)認知行為取向；(3)策略學派取向。在不同短期諮商學派中，Budman 和 Gurman（1988，1992）所提出「時間效能」（time-effective）的短期諮商反映並綜合不同短期諮商學派的觀點。近年來，諮商領域研究的關心方向由諮商有沒有效，慢慢轉變至何以有效，以及個案的改變從何發生。我們愈來愈關心諮商其中奧妙的歷程。但此同時，仍不免有困惑，究竟諮商要從何開始，到何處去？時間效能短期諮商模式提供我們一個思考方向。

短期諮商是一種具有成本效益且有效的諮商方式。Budman 和 Gurman（1992）認為，時效諮商一詞更能強調有效率及有效使用諮商時間的特性。換言之，短期諮商並不只是加速諮商技巧的操作過程而已；最重要的是諮商員要能夠在此有限的時間裡，迅速掌握當事人的問題焦點，而後設定諮商目標，予以有計畫的、有效率的處理，而其中及早評估與確認當事人問題的焦點，是諮商員可以在有限的時間內達成諮商目標的重要關鍵（周玉真，民 87），而這又依賴諮商員個案概念化的能力。

二、到底什麼是短期諮商？

Pekarik(1996)整理了大多數學者對短期諮商（治療）觀點的共同因素如下：

1. 對時間的運用是有限制但彈性的。
2. 有一個清楚而特定的治療焦點。
3. 與個案協調溝通出一個限定的治療目標。
4. 聚焦在目前的壓力困擾上。
5. 迅速的診斷。
6. 治療者和個案都積極主動的投入。
7. 折衷使用技巧。

Budman 和 Gurman 認為治療者對於心理治療所抱持的態度，及因此而採用的策略及方法，才能正確描述短期心理治療的內涵；所以他們把所使用的短期諮商定名為 time-effective 或 time-sensitive treatment。短期諮商之所以稱之為短期諮商，諮商的次數非決定的要素。一般而言，若諮商在早期、中途就結束，縱然時間次數很短，但並不能算是短期諮商，而是未能結案就中途流失了。這在國內的諮商情境中普遍可見，未能呼應到個案的需求是其主因。因此，

究竟多少次、多長的諮商才算短，並沒有定論。重要的是，諮商員與當事人討論了什麼（what counselor and client discuss），諮商過程中發生了什麼（what happened），才導致諮商有效的結束。

有關的「態度」，Budman 和 Gurman 將之陳述如下：

1. 以開放、彈性的角度面對個案的問題。
2. 在治療中，一小步的改變勝於對個案的治癒。
3. 從成人發展的觀點來看個案的成長與改變。
4. 在改變過程中，應讓個案學習自身的優點並掌握自己問題解決的資源。
5. 個案的改變往往發生於治療的空檔。
6. 改變不是直線的過程而是累積的效應。

三、短期諮商的改變契機

輔導終極的目標就是「改變」。可是改變的點在那裡？傳統諮商裡全有或全無的觀念，深刻影響到諮商員與個案在問題改變上的互動。傳統正規的諮商訓練，認為應將個案的所有問題都解決了，達到治癒（cure）的境界才是諮商的最終目的，因此諮商員往往比個案更期待有較長的諮商次數，且應該在諮商中看到個案的轉變才能放心。所以，當諮商進行到面臨改變從何開始，改變到什麼程度才算有效的諮商，諮商員和個案不一致的態度，常因此陷入僵局和困擾。

短期諮商強調一小步的改變，讓個案有機會從他們所能接受的一小步開始掌握起，比較容易讓個案帶來改變的自信；進一步說，自信累積愈多，個案愈能相信改變會給他帶來好處而樂於繼續改變。改變是累積的效應，也是一種經由習慣建立起來和養成的過程。短期諮商認為，當個案

已經能掌握住改變的方向、有規畫地面對未來，諮商就可以結束，諮商員不一定要在諮商中見到個案的成功轉變。所以說，改變是在諮商後才開始的（Pekarik, 1996）。

四、讓個案學習自己的優點並掌握自身的資源

讓個案學習到自己有那些優點或是曾經有過的解決問題方法。當個案出現某些困擾或不適應行為時，其實他已經嘗試過某些解決問題的方法，諮商就是要協助個案找到這些資源。

凡規則必有例外，當事人不是永遠都這麼苦惱的。試著找尋曾經成功解決過相同或類似問題的方法和策略；或是思考當困擾問題不發生時，是因為多做了或少做了什麼。跳開情緒的現場，尋找成功經驗，讓個案重新經歷成功的經驗、再度體驗有力量的感覺，可由此擴展個案對自我的積極看法。

在許多不是短期諮商的諮商過程中，諮商員習慣與個案一同找尋為什麼會失敗的經驗和事件，認為一旦找出原因之後，個案就會有洞察，然後改變就會因此發生，這種概念總讓人有一種「1+1=2」的直線過程錯覺，但這種從挫敗的經驗中找出反敗為勝和教訓的方式，不僅容易讓諮商陷入悲情與悲苦的泥沼之中，且不容易有具體的行動力。

短期諮商與其他諮商最大的不同點就是，它不是找出個案的缺點，而是在幫助個案發現他其實早就存在著某些解決問題的優點。其精神在於協助當事人尋找自身的資源，並相信當事人是瞭解並能解決其問題的專家，而資源就在他自己身上，這是一種比較健康的概念。因此，短期諮商

有以下的假定：

　　1. 強調成功的經驗，改變有可能發生。

　　2. 找出挫敗經驗中的例外事件／經驗。

　　3. 一小步的改變會造成推波助瀾的效應。

　　4. 從個案身上找出問題解決的方法。

新近崛起的焦點解決短期諮商模式，也特別提到一點：

　　5. 已經做過但無效的方法，千萬不要再試。

　　短期諮商的實施是以對當事人問題焦點的認知為前提，諮商員能否在初次晤談中即確認出當事人的問題焦點，是影響短期諮商效果的重要因素。那短期諮商究竟要從何開始呢？

五、短期諮商的實施

(一)由 Why Now 觀點聚焦

　　當個案出現在諮商的時刻往往是問題的終結，也就是山窮水盡之境，而非是問題的開始，所以 Budman 和 Gurman 提出「Why Now?」的觀點。換言之，去了解個案為什麼是現在此時此刻前來尋求諮商，而不是昨天、前天，或甚至更久之前。當個案前來尋求協助的同時，事實上，他已經試過各種解決問題的方法，然而卻無計可施。亦即發生問題時，個案總會設法去應付，直到有一天他發現所有的方法都試過之後卻沒用，或是先前的方法還能應付得當，但最近的一個關鍵事件，卻讓他無法應付，危機於是發生。所以 Why Now「為什麼現在來求助」這個觀點，往往才是個案真正需要協助去處理的焦點。

　　從 Why Now 的角度切入，會使諮商員很快的找到問題的焦點，亦就是引起當事人尋求諮商的導火線。

「為什麼選今天（現在）來找我談？」

「為什麼不在之前就來找我談呢？」

「是什麼原因促使你現在來找我談？」

「如果下星期才來找我談，會變成怎麼樣？」

「如果不來找我談，會變成怎樣？」

另外類似功能的詢問法，其實只要達到想要瞭解的目的，並注意到順口、自然，都會是不錯的問法。

㈡聚焦之後的諮商策略及方法：I-D-E 理論模式介紹

短期諮商與我們現在所作的到底有什麼不一樣的地方，到底它神奇的地方在那裡，以致可在比較短的時間內達成諮商的效果。除了提及注重時間敏感性、時間的掌握及有效率的使用之外，若能對當事人問題有一統整的概念形成，則更容易對症下藥，達事半功倍之效。

Budman和Gurman對當事人困擾問題的形成，由以下五個層面來探討：

1. 失落的經驗。

2. 發展中的困擾。

3. 人際上的衝突。

4. 出現的症狀。

5. 人格上的異常。

這五個層面的問題又可以簡單的歸納為：人際（Interpersonal, I）、發展（Development, D）和存在（Existence, E）的觀點，這個模式簡稱為I-D-E模式。換言之，一個人的問題固然與近期發生的重要事件有關，然而個人過去衝突／失落的人際經驗、發展中的困擾，及至於個人存在的意義與價值也有密切的關係。因此在諮商中，探究個案目前的問題固然重要，而找出什麼因素是形成眼前問題的背景，更有助於個案發現自己的盲點所在。

1.「人際關係」對人行為的影響

　　嬰兒自出生第一刻的母子接觸，便開始了生命中的人際關係，嬰兒所有的喜、怒、哀、樂、恐懼，皆與此時生命中和重要他人互動之品質有關，也深受這些重要他人的影響。有關人際關係的主題，除了人際衝突較為明確之外，亦包括如何建立與維持他人的良好關係，例如工作環境改變需要重新與他人建立關係。如果當事人不斷重複地提及某重要他人對他的影響時，諮商員可由此大膽切入，瞭解當事人與此重要他人的關係，或可找出兩人長久形成的互動模式，對當事人的人際型態能有整體的瞭解。

2.「發展」雖是一個連續的觀點，然而在發展中卻也包含了連續的孤立事件

　　心理學上有所謂的「關鍵期」(critical period)，人的一生中有無數的關鍵，有些關鍵期較長（例如嬰兒期、青春期），適合一個人建立或學習某種行為（例如信任他人、角色認同與建立），有些關鍵期較短，只能稱為轉捩點或扮演樞紐的角色，例如：畢業典禮、生日、第一天上班、結婚紀念日……等，這些具有關鍵的時日或事件對某些人往往具有「過不去」的感覺，問題於焉發生。在諮商過程中，諮商員有必要去瞭解這些發展事件對當事人可能會有的影響。

3. 追求「存在」的意義與價值，似乎是所有人之所以活下去的心理動力

　　當人在追求存在的同時，實際上是在追求「自我控制」生命歷程，換言之，當人自覺環境中無法達到自我控制的境界時，他有可能以反控制的方式重新控制自我，用以表現自我存在價值的方式，而自我價值通常在其人際互動的經驗，以及其生活方式中顯現。當人不被重視、不被肯定、不被接納時，他有可能換一種方式追求存在的意義，偏差行為於焉發生。例如一個成績較差而不受師長或同儕接納

9

的青少年，他可能會藉由暴力行為使他人畏懼他，以此證明自己存在的價值。

以上「人際—發展—存在」雖然單獨的列述，事實上這三者交互出現並相互影響。任何一個人的問題絕對不能單獨從人際、發展或存在任何一個角度加以解釋。人的行為絕不是孤立事件，必須就人際、發展、存在三方面的問題加以探究，才能綜合歸納出影響問題行為的錯綜複雜根源。

六、短期諮商的幾個特殊方法

㈠後設認知

由於認知心理學的興起，後設認知開始被重視。後設認知的概念對個案來說會產生相當大的衝擊，因為大多數個案在遭遇困擾時，多半將問題的焦點放在眼前的情緒上，當然個案也很難從宏觀的角度看自己的問題。一個人如果看不遠，當然就無所謂「洞察」，問題當然也就不能解決。

後設認知是運用imagination，也就是想像的方式，協助個案在此時此刻的時空裡將未來可能發生的事件，提前到現在來面對。換言之，後設認知就是一種協助個案走一遍事件未來發生的歷程。後設認知也可以和「譬喻」的方法合併使用。

㈡矛盾意向法

其實矛盾意向法也就是一種逆向思考的方式，當我們協助個案從相對或相反的角度來看一件事時，他會很快的覺察到當下問題的不合理。

㈢水晶球策略

水晶球策略之目的在於開展個案的視野，使個案由「問題可能可以解決」的認知中，找出問題解決的線索。常用到的類似問句如下（許維素等，民87）：

> 「如果在你面前有一個水晶球，可以看到你未來美好的生活，而困擾你的問題有些改變了，你猜有可能是發生了什麼事情？」

㈣家庭作業

家庭作業之目的在於鼓勵個案去實際多做自己已經能做的、在做的工作（許維素等，民87）。透過實際行動加上諮商員鼓勵的過程中，藉由一小步行動的完成帶動正向的感覺，由此而引發更積極正向的力量，帶來改變。

㈤短期諮商的終結及追蹤

「真正的諮商是從諮商結束後才開始！」這個觀點正是回應前面所提到的一個短期諮商的基本概念「個案的改變往往發生於治療的空檔」。基於這樣的觀點，當個案在諮商中了解到自己的問題，知道該如何做才能解決自己問題的時候，也就是短期諮商該結束的時機。在這個時候，諮商員需要與個案一同討論一件個案能夠踏出第一步並朝向目標前進的家庭作業，這個家庭作業需要符合個案能夠做或能夠改變的最小單位，從一小步做起，逐漸建立起個案對自己的信心。

㈥追蹤

在討論完家庭作業後，諮商員會告訴個案，他希望在未來的若干時間以後，譬如說三個星期，能有一個機會與個案再次談話，在這一次談話中或是任何其它接觸的方式，

諮商員的目的是要了解個案對家庭作業實際的效果如何？
要不要做某種程度的修正？這個作法正是短期諮商的一個
重要特色，謂之為follow up，也就是追蹤。經由追蹤安排，
個案一方面覺得他需要為自己的行為負責，另一方面，個
案的心理也會有踏實的感覺，因為如果做不好，他就有機
會再與諮商員討論如何修正，而短期諮商到此似乎也就可
以告一段落了。

參考書目

周玉真（民 87）：短期諮商問題焦點的概念化過程——時效
　　諮商簡介。諮商與輔導，150 期，21～24 頁。

許維素等（民 87）：焦點解決短期心理諮商。台北：張老師
　　出版社。

蕭文（民 85）：短期諮商在學校輔導中的應用。八十五學年
　　度竹苗地區高級職業學校認輔教師研習。台灣省教育廳
　　（未出版）。

Budman, S. H. & Gurman, A. S. (1988). *Theory and Practice of
　Brief Therapy.* New York: Guilford Press.

Budman, S. H. & Gurman, A. S. (1992). A time-sensitive model for
　brief therapy : The I-D-E approach. In S.H. Budman, M. F.
　Hoyt & S. Friedman (eds.), *The First Session in Brief Therapy.*
　New York: Guilford Press.

Pekarik, G. (1996). *Psychotherapy Abbreviation-A Practical Guide.*
　New York : The Haworth Press.

Steenberger, B. N. (1992). Toward science-practice integration in
　brief counseling and therapy. *The Counseling Psychologist, 20*
　(3), 403-450.

2

諮商督導：循環發展模式的介紹

蕭文

劉志如

「督導」是培訓心理治療師及諮商員的關鍵（Alonso & Shapiro, 1992）。在諮商員的培訓教育中，督導扮演了一個將理論與實務結合的重要的角色（Loganbill, Hardy & Delworth, 1982）。Wiley 和 Ray（1986）、吳秀碧（民81）均發現，在缺乏督導下的諮商工作經驗，對於提昇諮商員專業發展的層級並沒有助益。 因此，美國心理學會早在一九八〇年諮商員訓練資格的規定中， 即明定諮商、臨床及學校諮商員的訓練課程需包括督導及實習（Ellis & Dell, 1986）。而美國諮商員教育協會（CACREP）亦在一九八八年將督導列入諮商員訓練的基礎課程（陳若璋， 民83）。

督導模式發展的過程，最早是由各諮商／心理治療學派以其各自的理論督導各學派的諮商員，其督導的重點在協助受督導諮商員發展出各理論學派的有效行為，所以督導方式以技巧教導及經驗傳承為主（Bernard & Goodyear, 1992）。 近二十年來，各專業工作者在督導實務中逐漸體認到督導與諮商之間本質上的差異， 紛紛提出督導與諮商應有不同的介入技巧及協助目標的看法 （Bernard, 1995; Borders, Bernard , Dye, Fong, Henderson & Nance, 1991; Rabinowitz, Heppner & Roehlke, 1986）。 而諮商中折衷學派的興起， 也促使督導的焦點不再專注於各諮商理論學派的技巧行為之訓練，並促使督導者， 開始提出跨理論學派的督導模式（Bernard, 1979; Blocher, 1983; Rubinstein, 1992; Stoltenberg & Delworth ,1987）。

這些跨學派的督導模式中， 較重要的包括有強調受督導諮商員發展階段的發展理論（Littrell, Lee-Borden & Lorenz, 1979; Longanbill, Hardy & Delworth, 1982; Stoltenberg, 1981; Stoltenberg & Delworth, 1987）、強調督導員角色及受督導諮商員發展任務的區辨模式（Bernard, 1979; Bernard & Goodyear, 1992）、強調以協助諮商員對個案的概念化之認知模式（Biggs,1988; Blocher, 1983）、強調整體督導及督導關係的系統督

導模式（Holloway, 1995）及反駁發展階段論提出受督導諮商員應是循環發展的循環模式（Rich ,1993）等，其中以發展模式及區辨模式，受到最多的矚目（Borders, 1989）。

Stoltenberg 和 Delworth（1987）的發展模式強調受督導諮商員的專業能力的發展是有階段性的，故督導員應視受督導諮商員的發展階段給予適合其發展需求的督導環境，才能有效促進其專業能力之發展。Bernard（1979）及 Bernard 和 Goodyear（1992）則是從督導員的角色及督導員任務的觀點，提出督導員應視受督導諮商員的需求，區辨何時應出現何種督導行為，故稱之為區辨模式。區辨模式與發展模式相同的是提供了評估諮商員需求的標準，因此 Borders（1989）建議可合併這兩個理論的觀點，以使督導模式更周延。

上述兩種督導模式，雖提供督導者在進行督導時跨理論的新視野，但亦有其不足之處：發展模式以階段分類過於粗略無法配合個別差異（Hawkins & Shohet, 1989）；區辨模式在對受督導諮商員的實際表現加以分類時，會出現重疊現象造成督導焦點及督導角色抉擇的困難及適用時機不易評估的限制（施香如，民 85；梁翠梅，民 86）。而二理論並無具體的策略及作法是這兩個督導模式共同的缺點（Borders, 1996；林清文，民 80；吳秀碧，民 81）。根據 Borsders（1989）的統計，至一九八九年止，至少已發展出二十五個以發展為基礎的督導理論，但仍無理論可明確說明督導員該如何介入督導，故 Hollway（1995）和 Russell、Crimmings 及 Lent（1984）等人紛紛提出建議，認為應停止再發展新的督導模式，而就現有督導模式中，設計出具體可行之督導進行循環步驟、發展督導介入行為的參考手冊及提供有效的評估方式等，以修正現有督導模式的方式，使現有模式更為具體可行。

基於上述因素，蕭文教授乃結合了 Stoltenberg 發展論

中提供受督導諮商員發展需求的觀點及 Bernard 協助受督導諮商員發展其任務的觀點，並以具體可行的實施循環步驟補足此二模式之缺漏，以循環的觀點，協助受督導諮商員在各步驟中，獲得諮商專業發展，故名之爲「循環發展督導模式」（蕭文，民 84；蕭文和施香如，民 84）。

　　循環發展督導模式最大的特色是，督導員所引導思考的過程均是由受督導諮商員本身的理念、作法及對個案的概念化中促發，亦即督導員以引導爲主要技巧，目的在催化受督導諮商員本身能力的發展，故其督導的內涵均可符合受督導諮商員本身的發展層次，使每次督導均可由受督導諮商員的描述爲起點，而最終由受督導諮商員對個案產生新的認知爲終點，形成一個不斷累加實務經驗的循環發展之過程。

　　每一次的督導過程，以五個具體實施的循環步驟（如圖 2-1），由外而內，再由內而外，循環走完五個循環步驟：

循環步驟一：了解受督導諮商員對個案問題及相關資料的認識。

循環步驟二：了解受督導諮商員所使用的處理策略與技巧。

循環步驟三：了解受督導諮商員對個案問題形成的臨床診斷及理論基礎，並由督導員引導是否需修正。

循環步驟四：受督導諮商員評量個人所運用策略的恰當性，以促進技巧與策略的處理。

循環步驟五：接案過程再思考及形成新計畫。

　　此五個循環步驟，涵括了 Bernard（1979）、Bernard 和 Goodyear（1992）的區辨模式中督導的三個任務——協助受督導諮商員發展其催化過程的能力、概念化的能力及個人化的能力。在第一、三及五循環步驟，主要在協助受督導諮商員的概念化發展，在第二、四循環步驟，則以協助受督導諮商員催化過程的技巧爲主，且在各循環步驟中，均可處理受督導諮商員的個人性議題，以協助其個別化的發

展（蕭文，民84；蕭文和施香如，民84；施香如，民85；鄭麗芬，民86）。

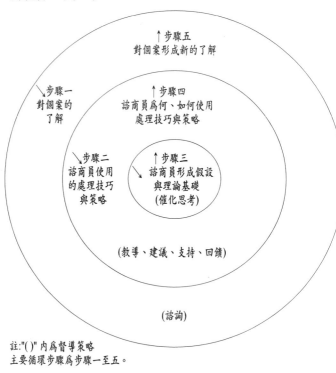

註："( )"內爲督導策略
主要循環步驟爲步驟一至五。

圖 2-1　循環發展督導模式圖
（蕭文和施香如，民84，頁36）

　　Hollway（1995）和 Russell、Crimmings 及 Lent（1984）等人，均提出建議，認爲應停止再發展新的督導模式，而是就現有督導模式中，設計出具體可行之督導，進行循環步驟、發展督導介入行爲的參考手冊（manuals）及提供有效的評估方式等，以修正現有督導模式的方式，使現有模式更爲具體可行，與本模式創建之理念相合，而此模式的效果，由鄭麗芬（民86）及劉志如（民87）的研究已可獲

得部分的證實：鄭麗芬（民86）以受督導諮商員的知覺分析，探討在循環發展督導模式中受督導諮商員之主觀知覺的經驗及其影響，結果發現受督導者在本模式中，可經歷個案概念化、過程化及個人化的改變。而劉志如（民87）分析受督導諮商員在督導進行過程中的口語行為，亦發現確實經歷個案概念化、過程化、個人化等行為，可見本模式確實值得推廣並更深入探討及發展。以下簡單說明本模式之基本理念、進行步驟及督導員於帶入循環時，可使用之引導技巧。

一、循環發展督導模式之基本理念

綜合上述模式之概念及修正實施上的問題，蕭文認為督導模式應具備之基本理念如下（蕭文和施香如，民84；施香如，民85年；鄭麗芬，民86年）：

㈠發展的過程

諮商督導的主要目標在提供一個合適的督導環境，以幫助受督導諮商員專業能力的不斷發展。就諮商員發展的特性言，應是一種持續向上的過程，而非跳躍式的發展。

㈡循環的特性

受督導諮商員的發展是一個累加的過程，在督導過程中，受督導諮商員均會經驗一次重新思考接案過程的循環以形成新的發展，其循環路徑為：描述重新整理對當事人的知覺→描述接案當時所使用之策略與處理方向→核對當事人所持的假設與理念→對使用策略及處理方向再檢核→對接案過程形成新的思考。藉由每一次督導中的循環，協助受督導諮商員經歷每個層面的發展需求，而每一次督導

的結束即為下一次督導的起點，督導過程應是一個不斷循環累加的過程。

㈢適用於不同理論背景的諮商員及督導員

督導的主要目標是「對當事人問題進行診斷、形成假設，以擬定可行的諮商計畫與策略」。因此，在此架構下，可適用於不同理論背景的諮商員及督導員配對應用。

㈣強調個案概念化的重要性

概念的層級是評量諮商員發展的重要指標，精熟諮商員除具備精熟的諮商技巧外，應有能力依據自己的理論傾向和偏好，形成對當事人問題的診斷及處理策略。

㈤關注受督導諮商員之個別差異與需求

由受督導諮商員的自我參照架構，協助其形成對當事人問題的概念化，因而督導過程，應由受督導當事人以「個案呈現」之方式進行，以協助受督導諮商員由其自我的發展及需求給予最適當的協助。

㈥形成具體之督導架構

將可做為督導實際進行之具體實施步驟，且可幫助受督導諮商員在成為專業工作者後，做為自我督導的參考架構。

二、 具體的督導架構與實施步驟

就此理念，蕭文乃著手設計循環發展督導的概念，其後蕭文和施香如（民 84）根據此概念的發展，進一步提出一個循環發展的諮商督導模式（見圖 2-1），企圖統整現有的督導概念，並具體說明督導的過程與架構。

循環發展督導模式是以諮商員所形成的假設與理論基礎做爲基本的核心（見圖2-1），從受督導諮商員對個案的了解以及其在諮商過程中所使用的處理技巧與策略，來協助受督導諮商員檢核自己原有的假設，進而修正假設、形成新的假設，再根據修正後的假設，發展出新的處理計畫。

　　每次督導的過程，均由外圈向內圈、再由內而外，不斷來回檢核、修正以幫助受督導諮商員對個案問題形成全面性的統整和瞭解，進而增進個人概念化的能力。

　　綜上所述，循環發展督導模式具體實施步驟如下。循環發展模式的督導過程以「個案呈現」的方式進行，包含下列五個不斷循環的步驟（引自蕭文和施香如，民84，頁37～38）：

（一）**步驟一**

　　了解諮商員對個案問題及相關資料的認識，受督導諮商員需要清楚地摘述個案敘述的問題及接案過程中的觀察資料。而督導員的主要功能是傾聽、不給予評價，發問相關問題，以試圖了解受督導諮商員所描述的個案情形。

（二）**步驟二**

　　了解諮商員所使用的處理策略與技巧：除了可以由受督導諮商員自述的過程中獲得外，也可以藉由諮商情境的實地錄音、錄影帶來提供客觀、詳細的資料。督導員在此一步驟中仍是以了解情況爲主，而不給予評價，但會適時針對受督導諮商員技巧運用情形給予回饋。

（三）**步驟三**

　　了解受督導諮商員對個案問題形成的臨床假設及理論基礎並且由督導員引導受督導諮商員探索先前所形成的假設是否需補充與修正：這個部分是督導過程的核心，主要在

了解受督導諮商員個案概念形成的情形及處理相關訊息的原則，在前一部分的進行方式仍以受督導諮商員的說明為主，督導員則加以統整、澄清。在第二部分則由督導員引導受督導諮商員進一步思考，協助其產生一個全面性、並考慮個案特定需求的臨床假設，在此督導員由傾聽者的角色逐漸加入受督導諮商員的思考過程中，催化但不直接教導受督導諮商員，以協助其產生更完整、多層面的思考模式。

㈣步驟四

評量個人所運用處理策略的恰當性，以促進其技巧與策略的處理：依據先前所確立或修正的臨床假設來考慮運用這些技巧的原則為何，主要在協助受督導諮商員了解「為何」運用這些技巧或策略，而不只是了解「用了那些」策略而已。此時督導員可能會直接面質、挑戰受督導諮商員的策略與看法，也會適時地依受督導諮商員的需求與表現給予鼓勵。

㈤步驟五

受督導諮商員逐漸從不同的角度看個案的問題，也可以清楚在諮商計畫中仍需要那些個案的資料加以說明，以在下次晤談中加以蒐集、注意。督導員的功能除了協助其加以摘要統整外，也會協助其訂立下次的諮商方向或其專業能力發展的可行重點。

由上述說明，可知在循環發展督導模式中的督導是兼顧受督導諮商員的全面發展需求的，如第一、三、五循環步驟處理對個案概念化的能力；第二、四循環步驟中處理催化過程的能力；且在每一循環步驟中，均可處理受督導諮商員因個人因素，而導致諮商效果之阻礙的個人化能力，故本模式可幫助受督導員諮商員獲致全面性的發展（鄭麗芬，民 86 年）。

三、應用本模式之注意事項

㈠督導員應將循環發展模式圖視為判斷出現何種督導行為之藍圖

本模式之進行是具有方向性的，根據研究結果（劉志如，民 87），可發現本模式中受督導諮商員會在本模式中經歷「催化過程化」、「個案概念化」、「個人化」及「督導關係」等行為，而其中方向性會依個人需求而有彈性調整，尤其在受督導諮商員討論其個人化議題及描述策略使用的行為上，受督導諮商員不需督導引導，即易自動發生。然在進入形成新觀點的「形成新假設」、「形成新策略」步驟上，則需督導員的主動帶領，故在使用本模式時，督導員以本模式圖視為督導進行的藍圖，判斷受督導諮商員目前所在位置，及是否應出現「引導」行為，帶領受督導諮商員進入不同的循環步驟，以免被受督導諮商員的自動發生行為帶偏離督導的全面性發展。

㈡本模式之督導員需熟悉並善用「引導」行為

研究結果（劉志如，民 87）發現督導員的「引導」行為，具有帶領受督導諮商員進入第三循環以上形成新觀點等步驟的功能，因而熟悉帶入新觀點各步驟的引導行為，才能善用本模式，例如：

1. 引導第三循環步驟「形成新假設」

「你可不可以說說看，你對這個個案的假設是什麼？」

「結合你剛剛說的印象，請你說明，個案問題的形成原因是什麼？」

「你要不要試試看，從學習理論的觀點，解釋一下，

23

這個孩子的問題是……」

2. 引導第四循環步驟「形成新策略」

「在這個部分，你會怎麼做？」

「我們一起來想想，還有什麼方法，可以應用在這個問題上？」

「從你對他個性的了解，可不可以有什麼方法，是他不會抗拒的？」

3. 引導第五循環步驟「形成新計畫」

「你要不要對今天整個督導結果做一個整理？」

「從這些討論中，你可不可以說說看，下次你可能打算怎麼做？」

上述引導句及各循環中受督導諮商員應完成的任務，均是應用本模式的督導員應掌握及熟悉的。

(三)督導員應學習以督導的眼光看待督導過程

研究結果發現，當督導員僅使用「反映」及「澄清」的督導行為時，受督導諮商員的行為較無法預估，亦即若督導員僅以諮商的傾聽技術——反映、澄清，很可能使督導過程流於無方向性，而使整個督導過程，變成諮商過程（劉志如，民 87），故應用本模式時，督導員應先有督導的概念，知曉督導行為不只是反映受督導諮商員的現象，更應具有帶領受督導諮商朝專業發展的督導行為，因此學習以督導的眼光看待督導過程（Borders, 1989），以本模式中各循環步驟之任務來評估受督導諮商員之任務是否達成，協助其完成專業發展。

(四)督導過程可更靈活運用循環步驟

施香如（民 85）及 劉志如（民 87）研究均發現，應用本模式之督導員於協助受督導諮商員時，不應受制於各步驟之順序，若發現受督導諮商員無法有效完成該步驟之任

務時，適時帶領受督導諮商員回溯前面已進行過的循環步驟，重新整理以協助受督導諮商員釐清個案問題所在。因此不受制於循環步驟，而是以步驟做爲檢核的藍圖，彈性運用於實際督導過程中，可能更能適合受督導諮商員之實際需要。

　　循環發展督導模式最大特色在於由受督導諮商員本身的理念、作法及對個案的概念化中促發受督導諮商員的專業發展，以符合其發展層級上之需求，而另一方面又設計有明確的進行步驟及各步驟目標，以協助督導員有具體方向可介入督導。因此，如何合宜拿捏此二特色，筆者以爲應掌握好「以循環步驟圖爲藍圖」隨時檢核及適度引導，才能發展本模式之特色。

⬇ 參考書目

吳秀碧（民 81）：Stoltenberg 的督導模式，在我國準諮商員諮商實習督導適用性之研究。輔導學報，15 期，43～113 頁。

林清文（民 80）：諮商督導發展模式之檢討與展望。諮商與輔導月刊，69 期，34～37 頁。

施香如（民 85）：諮商督導過程的建構：循環發展督導模式之分析研究。彰化師大輔導研究所博士論文。

梁翠梅（民 85）：諮商督導員訓練效能之研究──以台灣區家庭教育服務中心義務督導員爲例。彰化師大輔導研究所博士論文。

陳若璋（民 83）：我國各級學校輔導諮商員證照制度架構之分析與架構。教育部訓委會輔導六年專案研究報告。

劉志如（民 87）：循環發展督導模式中督導員與受督導諮商員之口語行爲分析研究。彰化師大輔導研究所博士論文。

鄭麗芬（民 86）：循環發展模式督導歷程中受諮商員知覺經驗之分析研究。彰化師大輔導研究所博士論文。

蕭 文（民 84）：彰化師大輔導研究所博士班督導專題研究課堂講授（未出版）。

蕭文、施香如（民 84）：循環發展的諮商督導模式建立之芻議。輔導季刊，31 期，39～46 頁。

Alonso, A. & Shapiro, E. L. (1992). Supervising psychotherapy in the 1990s. In J. R. Scott (ed.), *Psychotherapy for The 1990s.* New York: Guilford Press.

Bernard, J. M. (1979). Supervisor training: A discrimination model. *Counselor Education and Supervision*, 19, 740-748.

Bernard, J. M. & Goodyear, R. K. (1992). *Fundamentals of Clinical Supervision*. London: Allyn and Bacon.

Bernard, J. M. (1995). Clinical supervision in the Unites States: Current status and impending issue. *Proceedings of Counseling and Guidance in Taiwan and U.S.A. 1995 Symosia,* 83-92. (May 30-June1, Department of Counseling and Guidance, National Kaohsiung University, Taiwan, R.O.C.)

Biggs, D. A.(1988). The case presentation approach in clinical supervision. *Counselor Education and Supervision*, 27, 240-248.

Borders, L. D. (1989). A pragmatic agenda for developmental supervision research. *Counselor Education and Supervision,* 29, 16-24.

Borders, L. D., Bernard, J. M., Dye, H. A., Fong, M. L., Henderson, P. & Nance, D. W. (1991). Curriculum guide for training counseling supervisors: Rationale, development and implementation. *Counselor Education and Supervision*, 31, 58-80.

Ellis, M. V. & Dell, M. D. (1986). Dimensionality of supervision roles: Supervisor's perception of supervision. *Journal of*

Counseling Psychology, 33, 282-291.

Holloway, E. L. (1995). Clinical Supervision: A System Approach. London: Sage Publication.

Littrell, J. M., Lee-Borden, N. & Lorenz, J. (1979). A developmental framework for counseling supervision. Counselor Education and Supervision, 18, 129-134.

Loganbill, C., Hardy, E. & Delworth, U. (1982). Supervision: A conceptual model. The Counseling Psychologist, 10, 3-42.

Rabinowitz, F. E., Heppner, P. P. & Roehlke, H. J. (1986). Descriptive study of process and outcome variables of supervision over time. Journal of Counseling Psychology, 33, 292-300.

Rich, P. (1993). The form, founction, and content of clinical supervision: An Intergrated model. The Clinical Supervisor, 11, 137-178.

Russell, R. K., Crimmings, A. M. & Lent, R. W. (1984). Counselor training and supervision: Theory and research. In S.D. Brown & R.W. Lent (eds.), Handbook of Counseling Psychology, 625-681. New York: John Wiley and Sons.

Slocher, D. H. (1983). Toward a cognitive development approach to counseling supervision. The Counseling Psychologist, 11, 27-34.

Stoltenberg, C. D. (1981). Approaching supervision from a developmental perceptive: The counselor complexity model. Journal of Counseling Psychology, 28, 59-65.

Stoltenberg, C. D. & Delworth (1987). Supervision counselors and therapists: A developmental approach. San Franciso, CA: Jossey-Bass.

Wiley, M. O. & Ray, P. B. (1986). Counseling supervision by developmental level. Journal of Counseling Psychology, 33, 439-445.

記事

3

團體輔導

吳秀碧

一、輔導活動課程的性質

輔導活動課程為學校利用團體情境進行輔導工作的方式之一，其本質上為一種心理教育（psychological education）（Crosbie-Burnetl & Pulvion, 1990; Dinkmeyer & Dinkmeyer, 1982）。長久以來美國利用團體情境進行學生輔導工作的方式便具多樣性，早在一九六〇年代已有六種團體方式的輔導工作（Crow & Crow, 1960）：

1. 學生參議會。
2. 班會。
3. 輔導課程。
4. 社團。
5. 學生自治會。
6. 特殊小團體討論會。

在上述六種使用團體進行學生輔導工作方式之中，特殊小團體討論會為今日團體諮商的先驅，專為具有特殊問題或特殊需要的學生提供服務，而其輔導課程則是以全班學生共同問題或共同需求為主的工作，是當前所謂的班級團體輔導（classroom group guidance），或稱團體輔導（group guidance）或輔導活動（guidance activities），或團體輔導活動（group guidance activities）。所以，團體輔導並不是以團體情境進行輔導工作之通稱，而是特別指明為一種課程，舉凡為一種課程，一定具有計畫性、系統性、長期性實施的特徵，而且限於利用班級情境來實施，主要在於其實施過程相當重視學生彼此可以面對面交談，討論來自他們經驗的課題和內容。

我國自民國五十七年開始於國民中學設置指導活動科，後於民國七十二年改為輔導活動科，即班級團體輔導課程。

欲探究該課程的性質，應回溯其源起並了解其演進。我國於國民中學設置團體輔導課程乃仿自美國，而美國的團體輔導課程出現於一九三〇年代左右，其最初設置課程的目的，在利用班級情境協助學生獲得所需的資訊和解決問題，以增進學生的適應功能。Richard D. Allen（1931）在其所著的「高中團體輔導課程」一文中曾描述最足以代表當時實施團體輔導課程的情形，他描述：「……教育和職業輔導的問題需要特別選擇和訓練教師從事這項工作，這類教師要了解個別差異的問題並繼續研究學生。這些教師需要繼續多年接觸同一群學生，具備教育與職業問題的知識，並兼備個別和團體諮商的方法。……個別輔導和團體輔導有許多通用之處。當諮商員在個別會談時，發現某些問題為大部分學生共同現象，這些問題便可作為團體輔導課程的單元。在班級討論這些問題要盡量減少個別會談的人數和長度，以便節省時間，……理想上，這種課程的性質在於擴大參與而不是深入個人問題，俾使有效達成目標。其目的在於引發學生對於當前教育的、職業的和社會的問題有興趣，以便發展社會態度和建立職業資料基礎，這些目標需要多年的時間。」（P.190）

　　從 Allen 的這段描述可以看到一九三〇年代的團體輔導已具有和當前團體輔導相似的基本要素：

1. 以班級學生共同需求或問題為課題，不以個人問題為課題。這一點是團體輔導和團體諮商發展會分道揚鑣的關鍵。
2. 範圍包括教育、職業和社會等發展向度。現在由於人文心理學的影響，多數學者主張團體輔導的範圍和內容應以發展個體的自我為核心，兼顧情緒、人際、能力、技巧、態度、價值等層面的發展。
3. 運用討論式會談的經驗學習歷程。著重學生自發性的表達，不是發表高論或講大道理。

4. 教師需具備諮商的方法。事實上,是指教師需具有諮商的基本溝通技巧。

5. 教師需具備心理學的知識,了解兒童和青少年發展的特徵和需求。

6. 發展性的團體輔導必須為一種長期性、繼續性的工作。這一點到目前仍為學者所強調。

　　雖然經過半世紀以來的演進和發展,團體輔導在目標、功能、範圍和方法上都有長足進步,然而其成立之初的用意和性質則被堅持下來。團體輔導雖然為一種課程,但是絕對不同於一般讀、寫、算的課程;雖然是活動科目之一,卻有別於唱遊、童子軍、團體遊戲等其它活動科目。在美國早期將團體輔導視為非傳統性的課程,而列為課外活動課程(extra-curriculum)、聯課活動課程(co-curriculum),以作為達成教育的次要目標之科目。近年 Crosbie-Burnetl 和 Pulvion(1990)呼籲團體輔導應作為教育主要目標的課程,他們認為心理教育應為現代教育的主要目標之一。心理教育的方式主要有三種:即諮商(counseling)、教學(teaching)和團體工作(group work)。使用團體輔導必須強調在學生自發性和經驗性的學習風氣中,使用同理性的了解技巧來進行,教師應提供學生充分的體驗、活在當下和強調個體的發展,團體輔導絕對不是現代學校教育的次要目標。在台灣團體輔導課程列為「活動科目」之一,與童子軍、團體活動等科目並列。而「活動科目」的任務按課程標準規定:「在於發展學生群性,陶冶公民道德,試探學生的興趣和能力,以發揮輔助功能」(教育部,民72)。顯然,在課程標準之中亦將輔導活動科視為次要教育目標,實有正視輔導活動科之功能與現代學校教育目標關聯之必要。

　　其次,輔導活動科本為團體輔導,因為被列為一種科目,故常被當作一般讀、寫、算科目教學處理;另一方面則因其科目名稱有「活動」兩字,常被視為團體遊戲之流

來對待；殊不知其既非傳統科目的教學，也不同於一般的團體活動。Dinkmeyer（1970）指出團體輔導和一般教學之差別，有：

1. 團體輔導主要重點在學生的事情（如各種問題或經驗）上有關聯的抉擇或價值判斷；而教學重點則以所教的事實和內容爲主。

2. 團體輔導目標在學生社會性的適應；而教學則著重在適應個人價值標準，即學習個人認爲有價值的東西。

3. 團體輔導的性質以學生內在控制的性質爲本；教學則爲外在控制的過程。

4. 團體輔導的內容和教材來自個人內在的心理需求；而教學則來自社會期望和標準。

5. 兩者在個人涉入和自我指導的程度不同（P.7）。

由上述的比較，可以看到Dinkmeyer（1970）與Crosbie-Burnetl 等人（1990）均十分重視團體輔導的進行應以學生自發性的經驗學習過程爲主，這一點也是團體輔導與教學最有區別之所在。而團體輔導與諮商相似之處，則是心理教育方法共同的性質。

二、輔導活動的內容與教材

輔導活動既然爲一種課程，又爲一種心理教育的過程。因此，必須同時兼顧課程概念和心理學的發展概念，作爲建構課程的模式。Neukrug、Barr、Hoffman 和 Kaplan（1993）特別強調輔導工作的任何計畫一定要先有一個概念的模式（conceptual model）。以發展性的輔導工作爲例，必須先選擇一套發展理論，能說明各個發展階段的發展任務，俾便作爲策畫的內容和方法之依據。

團體輔導在發展的早期，並未認識概念模式爲策畫一套

計畫的基本依據。實施的內容主要根據學生所遭遇的職業和社會層面的問題為主，既然是因應學生遭遇之問題，故多為隨機和零碎，而內容缺乏系統和結構。到一九六〇年為止，雖然逐漸有明確的範圍，包括學生的教育輔導、職業輔導和社會適應之輔導（Crow & Crow, 1960），然而，由於團體輔導旨在促進適應，所以亦無特定的發展理論作為建構計畫內容和教材之依據。直到一九七〇年代初期，由於 Havighurst（1972）主張教育與發展任務之密切關聯，影響所致，輔導與諮商也轉變為以發展為主，適應為次，自此，各種發展理論便成為團體輔導課程計畫之重要概念模式，在美國尤其受到人文心理學發展的影響，強調自我概念的重要性，這些理論更是普為團體輔導學者所引用。以 Dinkmeyer 和 Dinkmeyer（1982）編制的 DUSO 為例，便是發展了解自己和他人為小學教育過程的核心，認為兒童的思想、行動和情感為同時運作，兒童的思想和行動必伴隨情感要素。兒童參與學習的動機和涉入程度常與情感的正負向有關，正向情感和情緒有助於兒童學習的動機和積極涉入，而班級為建立兒童自我概念的重要情境，提供兒童正向自我概念發展的條件便成為團體輔導的基本任務。所以，DUSO 便以此原理建構內容和實施方法，其內容結構主要為三部分：了解自己、了解他人和了解抉擇，而其結構概念與美國早期推行輔導工作均以教育、職業、社會三種輔導的結構相當不同，圖示如下：

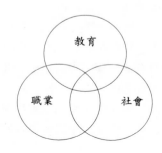

由上圖可以看到，左圖以個體之自我發展為核心，向外逐漸擴展而有他人或與他人之關係，再進而擴大到涵蓋環境。這種心理發展順序為立體同心圓的型式，說明個體的發展順序最初以自己為核心，其後才知覺他人，尤其在幼兒期和兒童時期，多半時候以知覺自己的需要為主，相當自我中心，其後才逐漸知覺他人，並學習知覺他人的需要，而後才注意到環境，並逐漸學習環境和個人的關係。所以，DUSO的單元編制，即按個體的心理發展順序組織而成。而右圖則以任務分類的型式組織而成，將輔導工作任務分成教育、職業、社會三方面，分別協助個體發展這三方面的知能和技巧。由此可見左圖和右圖兩種概念模式有很大差異，一個以心理發展順序為主，另一個則以輔導任務分類為主，如此各自所形成的計畫組織和結構將有很大不同。

　　至於團體輔導的教材與一般傳統學科的教材則完全不同。一般學科，通常必須由教師事先準備好預定讓學生學會的知識材料，例如國文，一定有待學的課文，數學一定有待學的公式等，而團體輔導的實施，教師要事前設計和準備的不是教材本身，而是方法、技術和過程，材料主要來自學生的經驗，例如發展學生個人的自重感，並不是讀一篇如何自愛的文章，而是提供機會讓每位學生能檢視和表達出自己認為有價值的經驗或曾經完成的事件，並得到他人的尊重、接納和肯定。所以，團體輔導的材料，除了一些資料和訊息之外，主要以學生的經驗為依據，即使教師要事先準備材料，仍須以學生的經驗作為考量的依據。

　　目前台灣已出版之國中輔導活動教材，主要即根據教育部所定課程標準中之「活動綱要」，因此，「活動綱要」應具有概念模式等同作用。惟歷年來雖有數篇有關輔導活動課程之研究（吳正勝，民 64；吳正勝，民 79；何金針，民 75；黃德祥，民 81；劉焜輝，民 63），但很少探討課程所依據之概念的模式與內容和教材關聯的問題。此為今後台

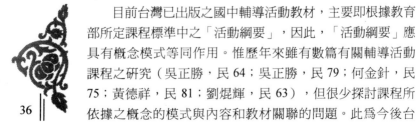

灣在發展團體輔導最需要注意的課題。

其次，在課程組織的概念，Ornstein 和 Hunkins（1993）認為有兩種典型的課程組織法：（1）直線式課程；（2）非直線式課程。直線式課程之實施過程和方法為按課程安排之先後過程逐步進行，直到完成，方能達成課程目標；而非直線式課程組織則課程能容許教師彈性地選擇教學實施的部分，不必考慮次序和結構。按這兩種分類，發展性的團體輔導課程較適宜採取直線式的課程組織，便於系統化、繼續性、長期性的實施。

三、輔導活動的實施方法與技術

一份詳細的輔導活動課程計畫，通常一般教師不必特殊的訓練亦可勝任，因為輔導活動或團體輔導的實施方法、技術與一般教學的方法和技術常可相互通用。惟擔任輔導活動的教師必須兼備良好的人際溝通技巧，俾便創造一個了解性的環境。茲將團體輔導常用技術歸為三類，陳述如下：

(一)一般教學技術

1. 故事

通常由教師選擇配合單元課題的故事，由教師先說故事並引導學生討論故事主角和相對配角之經驗，再將討論轉到學生切身的經驗。所以，由故事討論，可以協助學生學習區辨和表達自己的情感和情緒，發展對他人設身處地的能力，亦可由故事討論發展個人價值觀或判斷能力。

2.討論

包括分組討論和大團體討論兩種。分組討論可用於蒐集學生共同的問題或經驗，或用於腦力激盪，尋求策略。若用於角色扮演之後，應讓每一組包括不同角色，以便獲

得不同角色立場的了解。至於大團體討論主要在協助學生
個人的表達得到班上同學的肯定，對於建立每位學生在班
級的地位也有幫助。因此，教師對於在別的學科有較少機
會表達的學生，更需給予機會。

3. 角色扮演

這項技術常用於協助學生了解問題，尋找解決問題的作
法，或處理人際和社會層面的問題。更可用以拓展學生對
人生角色的學習。

4. 戲劇表演

這項技術基本上為角色扮演，只是更常被用來協助學生
探討生活層面和社會發展層面的各種課題。角色扮演較以
示範和預演行為為主，而戲劇表演則以探討性為主，更重
視學生自發性表達。

5. 布偶

布偶技術類似角色扮演和戲劇表演，惟不同之處在學生
個人不必面對觀眾，對於害羞、內向的學生之社會參與有
踏出一大步的用途。同時，在必須演出與自己相反性別的
角色時，也可減少一些尷尬的情形。

6. 圖片討論

圖片由於沒有文字的約束，最能提供學生發揮想像，
所以常可以讓學生學習到對同一刺激每個人會有不同看法，
可以擴展其思考的彈性化，也學習尊重個別差異。

7. 遊戲（game）

有組織的遊戲常可以讓學生自動參與社會互動，並在歡
樂、愉快的氣氛中進行分享與學習。例如大富翁遊戲被修
改成為在遊戲中，學生得以分享個人的價值、回憶、特別
經驗等，成為一個具有促進學生相互接納，改善個人團體
地位，促進自我概念發展的媒介。

(二)經驗和實驗性活動

1. 幻想法（image and fantacy）

這是個體的第三隻眼睛，可以用來幻想自己內在的經驗和活動，擴大個體對自己的知覺。

2. 冥想（meditation）

常用來作身心整合的用途或用以訓練定靜功夫，有助思考能力運作。

3. 放鬆術

主要用於壓力管理，處理壓力所引發之生理反應。

4. 其它活動

這類活動非常多，如盲人行走、熱座（hot seat）、測人遊戲等，功能廣泛，常被用到團體輔導或團體諮商，以增加學生的經驗學習。

(三)班級討論會（classroom meetings）

這種討論會一共分為三類：一為開放式討論會；二為社會問題解決討論會；三為診斷性討論會，均為 W. Glasser 所創。主要用在班級團體輔導，以協助學生獲得成功認同，改善班級學習環境。

團體輔導實施的方法和技術的選擇，通常必須配合實施的教材和學生擬發展行為和技巧。例如一個發展學生社會技巧的訓練計畫，必須先將社會技巧的問題加以分類，依類別選擇實施技術，例如應對技巧不足的問題可用角色扮演的技術協助學生獲得必要的技巧，然而在自我控制的社會技巧問題，則需使用放鬆管理技術的訓練。Thompson 和 Poppen（1979）曾利用 William Glasser（1969）的班級討論會技術設計一套培養學生自律和發展學生成功認同的團體輔導計畫。而 Emmett 等人（1996）則利用班級討論會設計一套暴力預防的團體輔導計畫。

至於長期性的課程計畫，其實施的方法和技術的選擇常見的作法有兩種：一種為每單元各按基本教材決定使用的方法和技術，如目前台灣各出版社編製之國民中學輔導活動科教材；另有一種則依學生所需發展的能力，來選擇方法和技術，因此每個單元均依序循環所選擇的幾個技術，如 DUSO 每個單元均依故事、討論圖片、溝通活動、角色扮演活動、生涯活動、問題情境相關課程活動等順序實施。前一種選擇方式，由於各單元實施技術不同，較富變化，或許有助於引起學生的注意和興趣；而後一種選擇方式則便於教師熟能生巧，而且便於教師評鑑所選擇技術之實施效果。

四、團體輔導實施的重要原則

　　實施團體輔導的教師，其主要角色不是傳教、說教、判斷正誤或價值，而是在過程中提供資料、使用資訊、選擇方法，以協助學生學習，或增進學生之間的互動。以下原則有利團體過程：

1. 教師應鼓勵學生充分表達。
2. 教師利用觀察到的非語言線索，引發不發言的學生表達。
3. 教師應創造一個安全、可信任的班級環境，以利學生學習。
4. 教師不批評、不判斷學生的答案或表達。
5. 教師宜協助學生評鑑自己的行為。
6. 教師若發問，應注意不問自己都不願意回答的問題。
7. 學生對任何問題作答時，均來自個人經驗或見解，教師宜示範接納的態度。
8. 學生之間可以有不同想法和意見，相互應肯定對方的表達。

9.鼓勵學生傾聽、尊重他人，禁止相互攻擊、競爭的行為。

10.安排學生可以彼此面對面交談討論的座位方式，最有利師生溝通。

一般教師若能掌握實施的原則，只要有一份仔細規畫的團體輔導計畫，經過與輔導教師詳細討論，了解計畫的原理和任務，一般教師也可以親自執行計畫，並發揮良好成效。

五、結論

由於社會變遷的影響，學校教育的功能愈來愈多元化，抱持傳統教育功能的學校將面臨社會現實的挑戰。團體輔導為現代學校開啟教育的新功能，注入心理教育的方式，使教育的功能更符合所謂全人的教育，跳脫傳統的學術取向教育，也使傳統教育所強調的人格教育，找到更科學的理論依據和方法，發揮更有效的人格教育功能。團體輔導的推展也使學校輔導工作真正落實以全校學生為實施對象，並強化輔導的發展與預防功能。

↓ 參考書目

教育部（民72）：國民中學輔導活動課程標準。台北：正中書局。

Crow, L. D. & Crow, A.（1960）. *An Introduction to Guidance*. New York: American Book Company.

Dinkmeyer, D. & Dinkmeyer D., Jr.（1982）. *DUSO-2 Teachers Guidance*. AGS.

Emmett, J. D., Monsour, F., Lundeberg, M., Russo, S. K., Lindguist, N., Moriarity., S & Uhren, P.（1996）.Open classroom

meetings；Promoting peaceful schools. *Elementary School Guidance Counseling,* 31, 3-10.

Glasser, W. （1996）. *Schools without Failure.* New York：Harper & Row.

Havighurst, R. J. （1972）. *Developmental Tasks and Education* （*3rd ed.*）. New York：David Mckay.

Neukrug, E. S., Barr, C. G., Hoffman, L. R. & Kaplan, L. S. （1993）. Developmental counseling and guidance：A model for use in your school. *The School Counselor*, 40, 356-362.

Thompon, C. L. & Poppen, W. A. （1979）. *Guidance Activities for Counselors and Teachers.* Brooks / Cole Publishing Company.

行為改變技術

4

饒夢霞

一、前言

　　行為改變技術源自於心理學上行為主義（behaviorism）的學習說，認為不適應的行為是經由學習而來的，因此可以藉由學習原則來修正刺激與反應之間不適當的連結，以改變不適應的行為。此即所謂的行為改變技術（behavioral modification），其特色在於以系統化的方法改變或修正行為。

　　行為改變技術是當今從事輔導工作者常喜愛採用的一種個別輔導方法。在輔導員協助當事人深入探討並瞭解問題的癥結後，往往需要一套具體的方法，來引導當事人逐步改變其舊有的不適應行為或加強已有的良好行為，這套方法便是當前頗受重視且廣為應用的行為改變技術。

二、行為改變技術所依據的主要學習原則

(一)制約

　　制約的方法主要有兩種，一為古典式制約，其原理是將一個原本不能引發個體某種反應的中性刺激伴隨另一個能夠引發該反應的刺激（是謂非制約刺激）多次出現後，此中性刺激將能產生與非制約刺激所引發的相似反應，例如教師每次懲罰學生時都咳嗽三聲，以後學生只要聽見咳嗽聲就會產生焦慮、恐懼的反應。另一種制約方法是操作制約，其原理是個體產生某自發性反應，反應之後帶來某些增強刺激或增強物，將使此反應的強度與頻率增加，比方說學生如果自動對教師行禮致敬，而得到教師的稱讚並報以點頭微笑，則此生以後行禮的反應將更加強。

㈡增強

個體產生行為反應之後若得到愉快、滿足的結果,則該項行為反應的出現頻率將增加,反之則減少。此種增強作用包含正增強與負增強兩種,前者使用正增強物,例如食物、讚許、微笑等,後者使用負增強物,例如懲罰、嘲笑、責罵等,其作用均是增加個體某一正確反應的可能性。

㈢消弱

個體產生行為反應之後,若未獲得任何增強,則其出現率將趨遞減,例如學生為引起教師注意而產生的喧鬧行為,若未獲得教師之注意,則此喧鬧行為將逐漸消弱。

除上述三項主要原則外,另有類化及分化,前者如學生喜歡某老師,便對該老師所教的科目產生好感,後者則透過選擇性的增強,對相異的刺激表現不同的反應,可使當事人學會我們冀其達成的行為。

三、行為改變技術的程序

行為改變的程序與行為改變的效果二者之間具有密切的關係。我們發現當事人某一問題行為後,欲改變其行為的程序雖常因當事人而異,但一般來說,不外乎下列幾個程序:

㈠指示終點行為

期望個體達成的行為模式,應明確指明。在指明終點行為時要針對個體行為的能力,不可要求太高,否則可能永遠達不到目標。

㈡分析基準線

利用觀察紀錄表,在一定期間內,將個體某一行為於某一特定時間所出現的次數加以記錄,然後求出平均值,即為其行為的基準線。

㈢設計安排有利的行為改變技術

欲有效達成個體的終點行為,應適當設計安排有利的條件及環境。如改變個體亂丟紙屑的不良習慣,可在適當地點設置垃圾箱;又如希望個體養成常洗手的行為習慣,應多設置洗手台、水龍頭等設備。

㈣使用增強物

增強物的使用,可採以下方式:

1. *口頭詢問法*:當面直接口頭詢問喜愛何種增強物。
2. *選擇法*:將各種增強物排列面前,由其選擇一種或數種。
3. *自取法*:先發給榮譽卡,等積滿若干張後自行去換取所喜愛的獎品。

如此,個體喜愛的增強物決定後,即於期望行為之中或之後不斷多給增強。

㈤養成行為模式與習慣

在個體行為過程中適當採用上述各種增強分配的方式,使用適當的增強物,在個體表現預期行為時,立即給予增強,經若干次持續進行,將可逐漸形成終點行為的模式與習慣。形成行為模式與習慣,有些人費時較長,但有些人在短期內即可形成,常因人因事而異。

㈥分析行為改變的效果

行為改變過程完成後,可藉觀察或測驗以瞭解行為改變

的效果。如行為改變方案設計良好，個體的動機與意願又強烈，應可改變個體行為。但是在行為改變的許多個案中，有部分個案的改變效果不如預期的良好，何以如此，可能有下列因素：

1. 增強物的選用不當。

2. 分配方式不當。

3. 作業難度提高，無法達成。

4. 作業量過多。

四、行為改變實驗設計模式

㈠倒返實驗設計（ABAB 設計）

倒返實驗設計(reversal design)，又稱 ABAB 設計。最基本的模式是分成四個階段：（A）先量行為的基準線；（B）提供輔導策略及實驗處理；（C）倒返到基準線（停止輔導策略及處理）；（D）再度給予實驗處理；最後再比較這四個階段的行為變化情形。教師對於某些學生的行為問題，如在教室裡搗亂，不按時繳作業，常常遲到，或是因不用功而學業成績低劣，均可應用倒返實驗設計法來探討不同輔導策略對改善這些行為之成效。

1. 終點行為的訂定與測量

所謂「終點行為」，是指教師選定在實驗過程中要探討或改善的學生行為。「終點行為」一定要能觀察，而且得其量化，唯有能量化，教師方能很客觀地分析「終點行為」是否因輔導策略之作用而產生有利的改變。評量這些行為的變化資料，通常可分成四類：

(1)行為的次數

如評量甲生每週上課遲到幾次；乙生在上一節國文課時

和鄰座同學講幾次和課業無關的廢話；丙生一天在學校裡要罵多少次「髒話」；丁生在一個月裡要逃學幾次；這些行為的發生頻率反映其嚴重程度。

(2)行為反應的強弱、大小或比率

如評量甲生一天要抽幾根煙；乙生平均上一節教學課，「注意聽課」的百分率有多少；丙生在英文字彙測驗裡能做幾題基本減法題（表示反應速率）。

(3)行為的持續時間及反應速度

如測驗甲生在吃一頓中餐時，一共需花費多少分鐘；乙生寫一篇作文要多少分鐘；丙生每天晚上在家的自修時間能維持多少分鐘；丁生每一次發牛脾氣要持續多少分鐘；戊生演算一百題基本加法題共需花費多少時間。

(4)行為的類別資料

有些行為資料的紀錄，只能用「有」或「無」、「A」或「B」、「發生」或「不發生」等二分法來表示。如記錄甲生今天服裝「整潔」或是「不整潔」；乙生今天的日記「寫妥」或是「沒有寫妥」；丙生今天「準時」上學或是「遲到」等等。

教師在記錄行為資料時，有時可以選擇一種或一種以上之資料。例如要訓練甲生的計算能力，除了要根據其計算速度（如每分鐘計算幾題），還要計算其精確度（即答對百分率）。這些行為資料之蒐集，全賴教師所定的教育計畫或訓練計畫之目的而異。

行為目標之陳述，必須包括三個要點：第一要明確指出並命名全部的行為；第二要註明這項行為的改變方向：如「增進」、「提高」，或是「減弱」、「消除」等等；第三要確定成功的標準或是終點行為的評量標準。若行為目標訂得越明確而具體，重點越明顯，則訓練也越能收到預期效果。

2. 實施步驟

　　基本的倒返實驗設計，其整個實驗程序可以分成四階段。第一階段是量基準線階段（baseline phase），也稱為 A 段，若套用一般術語，即屬前測階段。在量基準線階段，教師首先要確實觀察並逐日記錄特定個案的終點行為，但不加入任何實驗處理或輔導，也不必讓特定個案知道教師在注意其行為。其目的在真實測量終點行為的現狀，以作為擬定輔導策略及前後比較之依據。量基準線階段通常要持續四天至七天，每天選定某一段時間來觀察並記錄個案的終點行為，然後逐一標在紀錄圈上，在這一個階段所得的行為資料，可以用平均數或是中數等統計數字來表示其一般概況。

　　第二階段是實驗處理階段（treatment phase or intervention phase），亦稱為 B 段，若套用一般術語，即屬於實驗階段或是輔導階段。所要輔導的「終點行為」，若屬於提高學業成績或培養良好技能，自應先試探學生之基本需求或喜好，藉此訂立有力的增強物體系，以便激勵個案努力學習，或試用不同的教學策略（包括逐步養成原理），以茲增進個案的這些良好行為。反過來說，若終點行為是屬於改正不良的習慣、態度或言行，則教師可考慮採用懲罰、消弱、消極增強、相對抵制、逐漸敏感原理、飽和原理、厭惡制約策略來改善或消除這些不適當的行為。利用這增強物、教學策略來增進良好行為，或是藉懲罰、消弱及厭惡制約等策略來消除不適當行為，就是所謂實驗處理，或是輔導。一種處理不一定馬上見效，所以常要逐加試探幾種策略，一直到終點行為真正發生預期中的變化為止，故此階段稱為「實驗處理階段」或是「介入輔導階段」。若是前後用過兩種不同的實驗處理或是輔導策略，則可用 B1 段、B2 段等符號來標示。每一B段的時間長短，常視處理效果而定，一般而言均持續一週之久。

50

第三階段是倒返階段（reversal phase），或是稱之倒返基線階段（return-to-baseline phase），簡稱爲 A'段。設置倒返階段的用意在於驗證終點行爲的改變，是不是真正受到實驗處理（B 段）的影響。在倒返階段（A'段）應停止在 B 段所使用的輔導策略或是實驗處理。如果個案的終點行爲在 B 段已有明顯的改變，但在倒返階段又原形畢露，或更惡化，則可以說，終點行爲之改變確實受到實驗處理之影響。通常倒返階段若爲了應變自變項之功效，則其天數只要三、四天即可，在這種實驗情境裡，實驗處理方式是屬於「自變因」，終點行爲是「依變因」。反過來說，若經過 A'段而終點行爲並未再度回到基準線階段之水準，就不容易斷定在 B 段終點行爲之改變確實受到實驗處理之影響。當然有些行動如動作技能或讀寫算等技能，一旦學成以後，不管有沒有繼續給予增強，一般人是很不容易忘掉或消除掉的。若是所輔導的終點行爲在倒返階段仍然維持良好的成績，甚至和處理階段（B 段）之成績完全一樣，則整個個案實驗已算大功告成，其實驗設計程式得改稱爲 ABA 設計，倒返階段（A' 段）也被稱爲「維持階段」（maintenance phase），其維持天數可至一週或三週。

第四階段是再處理階段（return-to-treatment phase），又稱爲 B'段，個案終點行爲若在倒返階段（A'段）有再度惡化趨勢時，則需再度實施於 B 段所加的實驗效果，以期維持實驗效果，所以稱爲「再處理階段」。再處理階段之成效，可與處理階段（B 段）之成效相互對照，以加強驗證實驗處理對於終點行爲之影響。再處理階段之天數通常可至一週或兩週。

3.應用上的限制

倒返設計之用途甚廣，對於任何對象甚至異常學生亦能實施，可兼具實驗與行爲輔導之雙重功效。但若持嚴謹的實驗觀點，此法之應用有若干限制：第一，有些終點行爲

經處理階段而學成後，儘管在倒返階段裡已不再輔導，但仍然不會退到量基準線階段之水準，在這種情況下，實驗者就不易用倒返設計作為驗證自變項的影響效果；例如在一個實際的個案實驗裡，一位學生在量基準線階段（一週）裡，只刷兩次牙，經由其姊姊以自然科參考書為增強物，勉強每天早晚必須刷牙，終於獲得盼望已久的那一套參考書，到了倒返階段（A'），觀其弟弟之刷牙行為仍然繼續下去，故姊姊驚奇而問到：「弟弟這一週已經不再有獎品了，你為什麼還要每天刷牙？」弟弟回答說：「現在不刷不習慣了，口腔裡太臭。」由此可知，有些行為如好習慣、技能或知識等一旦習慣後，就不易消失。第二，就教育或倫理觀點來說，教師在輔導學生的過程中，總是盼望學生的不良行為能早日改善，但一旦改善之後，總不盼望其不良行為又故態復萌；針對此一限制，教師若真為驗證輔導策略之功效，只能將倒返階段（A'）縮短為三、四天，一旦看出終點行為已退到基準線時，應馬上恢復實驗處理（即再回到 B'段）。

五、行為改變技術研究報告實例

㈠研究題目

增強因素對改善學生不遵守秩序之影響。

㈡研究人員

○○○老師。

㈢研究日期

八十七年三月一日到四月十九日。

㈣受試者的問題分析

1. 家庭背景

本實驗受試者黃○○，現年十歲，男孩，在校常規不佳，經家庭訪問後得知該生排行老大，有弟妹各一人，父母都很忙，很少在家，弟妹尚未入學，均寄在外婆家，只剩該生一人看家。

2. 學校表現

經觀察，該生在校極為好動，上課時經常亂動、出怪聲或做出奇異的動作以吸引老師或同學的注意。下課時一定第一個衝出外面去玩，非常霸道，和同學玩總是不遵守秩序，屢次插隊，因此經常和同學吵架。

㈤實驗程序

1. 訂定終點行為

該生活動中因不守規矩而被同學糾正的行為即為本實驗之「不遵守秩序」。換言之，若該生不守團體規矩（秩序）但為同學所默許者，即非本實驗之「不遵守秩序」。

2. 實驗信度

本實驗以觀察、記錄為主，除由實驗者負責外，另請副班長何生、副糾察股長陳生協助，暗中盯人觀察和記錄。後將「不遵守秩序」的次數除以觀察次數即為本實驗所要的「不遵守秩序」的程度。

3. 實驗設計及程序

本實驗採用倒返計法，又稱 ABAB 設計。第一步先量「基準線」（又稱 A 階段）以瞭解行為的現狀。第二步呈現自變因（稱 B 階段），觀察此一自變因對受試者的行為發生何種影響。本實驗為求證不同獎懲之效用，又將處理階段分成四個小段施予不同的獎懲（分別標示為 B1、B2、B3、B4）。第三步驟是倒返階段（又稱 A'階段），停止操

弄自變因。最後步驟是繼續增強（又稱 B' 階段），再操弄自變因繼續增強。

　　本實驗進行中受試者進入各階段之時間如後：

(1)基準線階段五天。

(2)懲罰、訓誡階段六天。

(3)獎賞、訓誡併用階段六天。

(4)關心、注意階段六天。

(5)給予責任階段五天。

(6)倒返階段三天。

(7)繼續增強。

㈥實驗結果

　　本實驗的自變因是增強因素，依變因是學生「不遵守秩序」的程度。因此若該生於當天在五次的觀察中，「不遵守秩序」被記了八次，則該生「不遵守秩序」的程度為 $8\div5=1.6$。本實驗的詳細記錄請見圖 4-1。

1. 基準線階段

　　經實驗顯示，受試者每天「不遵守秩序」的程度很高，平均是 1.48。

2. 實驗處理階段

(1)罰站階段（B1）

　　從三月七日起負增強物開始介入，只要發現「不遵守秩序」的行為，在下節上課時必須罰站五分鐘，期望運用「懲罰」來消弱「不遵守秩序」的行為。實驗結果剛開始有顯著下降，可是兩天後由於老師不在，因此故態復萌，「不遵守秩序」的程度大為提高，顯然懲罰未能達到目的。

(2)獎賞與懲罰併用階段（B2）

　　從三月十四日起正式介入增強物，告訴受試者只要該節下課「遵守秩序」便給予一張貼紙，否則仍要受懲罰。

實驗結果顯示已使受試者的行為大為改善，不過仍無法根除。

(3)關心、注意階段（B3）

從三月二十一日起開始以社會性的增強物介入。在此階段老師特別注意受試者的言行舉動，每節上課後便告訴受試者上節上課的活動情形，並儘量地稱讚他的優良表現。從實驗結果顯示雖然有改進，但還是無法根除。

(4)表揚並增加責任階段（B4）

從三月二十八日起，改用正增強物，來代替社會性的增強物，以增加責任心（成就感）。給予受試者當糾察股長管理全班之秩序，並授以「以身作則」的觀念，結果除了三月三十一日以外其餘每天都表現良好。

3. 倒返階段

為了觀察給予責任工作是否真能影響受試者以前「不遵守秩序」的行為，又將增強因素（當糾察股長）拿掉，用三天的時間來觀察是否還會再返回基準線，結果雖有兩次的「不遵守秩序」，其餘大致良好。

4. 繼續增強階段

由於怕本性難移，因此倒返階段後再給予繼續增強（當糾察股長）。經過四天的觀察，都未見「不遵守秩序」的行為發生。

(七)討論、建議及感想

1. 綜觀本實驗之處理過程，可以發現受試者的「不遵守秩序」並非真的無藥可救，只要給予受試者鼓勵、關懷、再賦予責任，可以使受試者對自己產生信心，滿足他的榮譽感，進而覺得自己在班上的地位日益重要，不應該再到處惹事生非，重新塑造了他在班上的角色。同時該生也在班上開始表現出前所未有的秩序，以做好以身作則。

2. 從實驗過程中可以發現，對該生而言最有效的是「增加責任心」（B4），其次為「關懷、注意」（B3），再其次是物質的獎勵（B2），最後是「懲罰、訓誡」（B1）。尤其是懲罰，開始似乎有效，可惜老師一不在，便又故態復萌（如圖 4-1），可見對該生而言，懲罰無法解決問題。

3. 班上同學的「角色期待」對該生的影響力極大，當老師在班上表揚了該生在家裡、班上的幾件優良表現，並宣布該生最近進步神速，足以為全班的楷模，並給予當糾察股長以為本班服務後，全班熱烈鼓掌。此時，該生也自覺非昔日阿蒙，全班同學亦皆拭目相待，全班同學對該生的角色期待重新塑造。因此，若欲改變一個學生的特殊行為，重新塑造周圍人員——尤其是同儕團體對該生的角色期望，實在是件不可忽視的事。

4. 本實驗的過程當中，仍有許多無法控制的變數介入，諸如：(1)學生的情緒因素；(2)家庭因素的介入；(3)假期（春假）太長——加強了外環境對該生的「污染」；(4)學生的生理健康因素；(5)偶發事件……等。甚至大自然天氣的變化、老師的態度轉變，都會對本實驗有不同程度的影響，因此實驗者不敢以此實驗來做所有案例的定論。

六、結語

　　行為改變技術是一種十分技術取向的個別輔導方法。眾所周知的如角色扮演法、系統減敏法、行為契約法、代幣法、嫌惡治療法……等，均十分受教師、家長及從事心理衛生工作的輔導員所喜愛。臨床上用來戒煙、戒酒成功案例更是不計其數。此項技術的應用層面之廣、使用方法之

簡便、效益及貢獻之大，可能是其它治療方法所無法比擬的。

行為改變技術近年來又與認知治療法結合，逐漸形成認知行為治療體系，預期其前景頗為看好，甚至有可能繼續維持心理治療的主流地位而不衰。

↓參考書目

余德慧（民 72）：行為治療。載於宗亮東等所著「輔導學的回顧與展望」，313～344頁。台北：幼獅文化事業公司。

宋湘玲等（民 86）：學校輔導工作的理論與實施(增訂版)。彰化：品高圖書出版社。

林正文（民 85）：行為改變技術：制約取向。台北：五南圖書出版公司。

林幸台（民 85）：個別輔導手冊。教育部輔導計劃叢書(1)。

馬信行（民 71）：行為改變的理論與技術。台北：桂冠圖書公司。

張清教（民 72）：增強因素對學生不遵守秩序之影響。輔導活動研究專輯，30～35頁。

許天威（民 79）：行為改變之理論與應用。高雄：復文圖書出版社。

陳千玉譯（民 86）：行為改變技術。台北：五南圖書出版公司。

陳榮華（民 72）：應用行為分析法在教育上的功用。輔導活動研究專輯，4～16頁。

陳榮華（民 79）：行為改變技術。台北：五南圖書出版公司。

馮觀富（民 86）：國中、國小輔導與諮商理論實務。高雄：復文圖書出版社。

黃正仁（民 76）：行為治療實務案例。高雄：復文圖書出版公司。

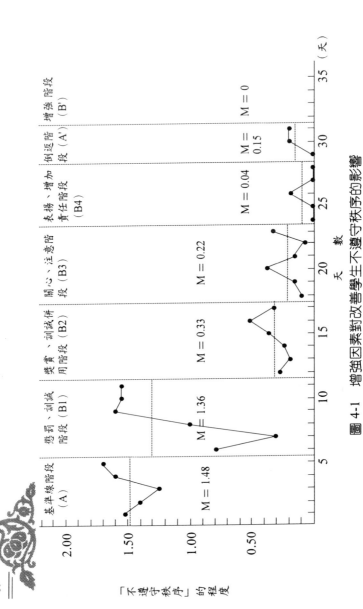

圖 4-1　增強因素對改善學生不遵守秩序的影響

黃正茂（民 81）：行為改變技術在兒童不按時繳交作業問題之運用。高雄縣金竹國小。

黃正鵠（民 80）：行為治療的基本理論與技術。台北：天馬出版社。

葉春榮（民 76）：代幣制度——方法與實例。台北市政府教育局。

葉重新（民 78）：學生行為改變技術。台灣省政府教育廳。

賴保禎（民 85）：諮商理論與技術(修訂再版)。台北：國立空中大學。

戴嘉南（民 84）：行為改變技術。教育部輔導計劃叢書(18)。

魏麗敏、黃德祥（民 84）：諮商理論與技術。台北：五南圖書出版公司。

Corey, G. (1996). *Theory and Practice of Counseling and Psychotherapy (5th ed.)*. Pacific Grove, CA: Brooks/ Cole Publishing Co.

Martin, P. R. (Ed.) (1991). *Handbook of Behavior Therapy and Psychological Science : An Integrative Approach*. New York : Pergamon Press.

5

情緒智力與情緒管理能力

楊瑞珠

一、前言

　　情緒是每個人從小到大都有的經驗，而在日常生活當中似乎也總要藉著情緒的表達來呈現自己的心理狀態。然而由於過去理性主義的盛行，使一般人對情緒一詞，有較負面的聯想，認爲情緒會引起騷亂、難以控制的負面狀況及衝動不理智的行爲，進而對情緒，尤其是不愉快的情緒，採取壓抑、隱藏或不去處理的態度。但這樣的態度不僅引發個人的生理疾病或心理不適應，進而影響其日常生活、工作情況和人際交往關係。例如美國醫學協會所提出的報告：百分之四十以上的病人是由情緒的壓抑而形成的，或使病情惡化。而在心理方面長期累積的負向情緒，可能成爲較嚴重的情緒障礙，甚至焦慮症、憂鬱症等精神疾病。既然情緒是人的特徵之一，難以壓抑或隱藏，對人的身心健康、生活各層面息息相關，在此刻這個講究情緒智力（emotional intelligence）的時代，讓我們一起從頭來探討什麼是情緒？情緒的種類有那些？現在流行的EQ又是什麼？透過對情緒的了解，如何增進自己處理情緒的能力，都是本文欲呈獻給您的。

二、情緒的神經生理基礎

　　欲了解目前神經生理方面在情緒的研究，首先應了解人類大腦的發展概況，以及大腦掌管情緒反應的機制。人類腦部的發展由百萬年演進而來，最原始的部分是脊髓上端的腦幹，主要負責基本生存的功能（如呼吸和飢餓等），並控制一些固定的反應和運動。這部分大腦的功能與大多

數的動物無異，慢慢地因爲要適應複雜的生存環境，能夠快速辨識危險和接收到訊息，嗅葉（olfactory lobe）逐漸演化而成，是最原始的情緒中樞，利用嗅覺氣味來偵測危險，甚至找尋性伴侶。在繼續進化後，主要的情緒中樞——邊緣系統（limbic system）漸漸成型，掌管情緒的實質功能，如喜愛、憤怒等。又經歷數百年，主掌理性思考、計畫、禁止衝動的思考中樞——大腦新皮質（neocortex）才進化而成，人腦新皮質比其他動物大許多，是人類之所以爲萬物之靈的關鍵。在MaClean的這個模式中，雖將大腦因其功能不同而畫分爲三區：生存、情緒和理性，但彼此之間腦部神經路徑互動頻繁、複雜，例如新皮質雖主司思考，但也使情緒更精緻化、在面對挑戰時有更多樣的反應、更複雜的情緒表現（Salovey & Mayer, 1997）。

　　過去傳統的神經科學相信，自眼、耳、鼻、口傳來的感覺訊息，首先傳到丘腦（thalamus），再傳送到新皮質思考，認知外物的內容與意義，整理爲對事件的觀感，最後新皮質將訊息傳送到邊緣系統，決定適當的反應，送達腦部其它區及全身。在通常的情況下，大腦的運作情況確實如此，但情緒沖昏理智的現象也時有所聞。喬瑟夫・萊杜克斯（Joseph LeDoux）發現，除了大部分連接到皮質較顯著的神經元外，另有一部分神經元直接自丘腦連接到邊緣系統的杏仁核（amygdala）——狀似杏仁，位於腦幹之上，邊緣系統之下，是主管情緒的關鍵角色。在危急狀況時，訊息直接由丘腦傳送到杏仁核，杏仁核會審視過去的情緒經驗，與現況相較，在新皮質未思索確認之前，立刻做出因應之道。這些認知前的情緒可能在危急存亡之際節省決策時間，挽救生命；但也可能因這快速而草率的情緒鑄下大錯。

　　在新皮質區中，調節杏仁核的衝動，而做出較理性反應的緩衝裝置是前額葉（prefrontal lobe）。一般而言，情緒反應一開始由前額葉主宰。當訊息傳到新皮質做意義分析時，

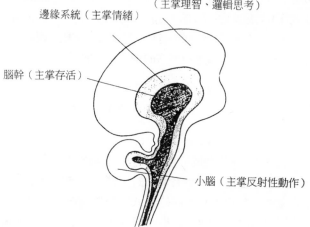

大腦皮質
（主掌理智、邏輯思考）

邊緣系統（主掌情緒）

腦幹（主掌存活）

小腦（主掌反射性動作）

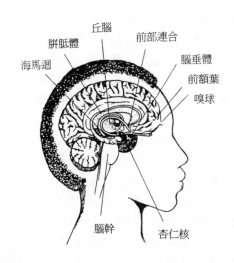

丘腦

胼胝體

前部連合

海馬迴

腦垂體

前額葉

嗅球

腦幹

杏仁核

前額葉負責協調適當的反應，若需作出情緒性的反應時，由前額葉指揮，與杏仁核及邊緣系統共同完成。而當腦部收到情緒刺激時，前額葉會在瞬間就可能的反應進行評估，選出最佳策略。因此要有效管理情緒，有賴前額葉皮質來權衡輕重，為來自杏仁核及其它邊緣系統所作的情緒反應把關。

三、情緒的心理基礎

　　情緒是一種複雜的心理歷程，在心理學上很難下一個明確的定義，各派心理治療學家對情緒有不同的界定，對情緒的處理控制也各有不同的模式。例如心理分析學者認為情緒問題起因於自我防衛機轉失調，而必須從其處理情緒的過程與結果中加以評估，得到新的洞察，在治療歷程中利用轉移和反轉移來呈現問題，並加以處理；行為治療學派中則少見對負面情緒的制約消除之道，但主張在行為上面對事件再發現，並學習新的情緒反應方式；認知學派視情緒問題為非理性思考方式下的產物，主張以摒除個人非理性信念、增加理性而不自我欺騙來控制情緒；此外，存在主義學派則認為負向情緒來自於個人無法對理想人生建構根本意義，處理情緒問題時，要讓自己去真實體驗，表達這些情緒並覺察其意義。

　　除了上述各學派對情緒的看法，近代學者認為情緒是個人的生命劇本和人生目標、際遇，對自己的信念以及和所處的世界有關。每一種情緒的發生都導源於個人對其人生際遇之評估及所賦予之意義。早在一九九一年 Lazarus 就提出「認知─動機─關係」的情緒理論模式，認為情緒是個體與環境互動的產物。而每一種情緒背後其來有自，並且影響個體與環境互動的本質。個體會賦予自身與環境之關係意義，而此意義的賦予更直接或間接影響到一個人的情

緒調適與健康。

　　根據以上各學家對情緒意義的界定，可歸納出情緒的特質：第一，情緒是個體與環境互動的產物，情緒具有動機性，是為了應付某種情境所引發的反應，因此，情緒並非自發性的反應，而是由刺激引起的，有來自外在的、內在的刺激，也有顯而易見或隱而不顯的刺激，第二，情緒產生有一定的歷程，包括預期、內外在挑戰、顯現、後果；第三，情緒是主觀的意識經驗，經個體主觀的評估後而產生情緒反應，也就是心理感受，但由於具主觀性，因此同樣的刺激對不同的人，未必引起相同的情緒反應，而反應方式及反應強度也各不相同，評估後是對自己有利，即感到正向的情緒，但評價後對自己不利，即感到負向的情緒；第四，處理情緒意味著個人在認知及行為上的調適，伴隨情緒而產生的生理變化與行為反應，通常不易為自我所控制，包括內、外在誘因激起個人對此事件之過去經驗，採取反應的衝動（如抗拒或逃避），以及生理上的變化。

四、情緒的種類

　　大體而言，情緒可分為正面與負面兩類。當對刺激事件評估結果是對自己有利，即感到愉快，是正面的情緒；但評價後發現對自己不利，感到不愉快，即為負向的情緒。那麼，人究竟有多少種情緒呢？Shaver 等人（1987）讓學生去描述個人的情緒經驗，如對各種情緒類型的印象、想法或是對特殊真實事件的情緒感受，歸化出六種基本情緒的原型（prototypes）：包括愛（love）、快樂（joy）、驚奇（surprise）、忿怒（anger）、憂傷（sadness）及害怕（fear）。這些原型又可再分化為一百三十五種由正面到負面的情緒。Lazarus（1991）也針對各類情緒分別賦予完整而詳細的定義：

負向：

忿怒　當個人的意願和權利受阻時，所引起的一種攻擊性
　　　的態度。

焦慮　面對情境中的不確定狀況及威脅。

驚慌　面臨一種立即性、具體且無法抵抗的外界危機。

罪惡　踰越某種嚴格的道德規範。

羞愧　無法達到自我的理想標準。

悲傷　經歷一項無法挽回的損失。

羨慕　期待自己也能擁有他人所擁有的東西。

嫉妒　怨恨第三者奪走或威脅他人對自己的感情。

厭惡　必須接受或靠近某些自己無法忍受的事物。

正向：

愉快　在實現目標時有合理的進展。

驕傲　藉由達成一些有價值的目標或成就而提高了個人的自
　　　尊。

鬆弛　某種令人苦惱的目標不協調的狀況有所改善。

希望　害怕情況變壞，也期望狀況好轉。

愛　　期待和他人分享感情，但不一定要求回報。

同情　因他人受苦而感動，並且想去提供他人協助。

Viscott（1996）認為人的基本情緒有二種：正向的愉快
（pleasure）和負向的痛苦（pain），而由於這些情緒發生的
時間不同，而有不同的情緒感受。發生在未來的負向情緒
是焦慮（anxiety），所擔心的傷害或損失還未發生，有可能
是本身弄錯而根本沒有危險；現在的痛苦情緒是受傷
（hurt），由悲傷（sadness）和失望（disappointment）的感
覺傳達出來，因為是目前發生的感受，因此其最真實，也
最容易讓人領受到；過去的痛苦情緒是憤怒（anger），怨
恨曾受到傷害，當憤怒針對自身時，是為罪惡感（guilt），

而當壓抑憤怒的心靈動力耗竭時，情緒感受稱為沮喪（depression），壓抑的情緒愈多，則愈沮喪憂鬱，因為精力都用來控制情緒而無法去創造、去生活。反之，正向的情緒在未來是憧憬（anticipation）或興奮（excitement）；在當下的正向情緒是高興（joy）；而過去的愉快情緒是滿足（contentment）。

情緒具有動機和目的性，當下的情緒反應是根據過去的情緒記憶，為應付某種情境刺激而採取的行動。Viscott相信焦慮的目的是在警告危險，開始生理反應以便逃避危急；受傷感受的目的是使人明白已受傷害，而限制損害的範圍，讓別人後退；而生氣的目的是在強化受傷害的表達，與其在壓抑過去的傷害而讓損害擴大，憤怒使人勇於表達、保護自己；憧憬的目的在幫助人提昇知覺的領悟，使人更樂於開放接受生命中的愉悅；而高興的目的是使人多做一些讓自己開心的事；滿足的目的是在幫助人們接受過去的種種，無論是正向或負向的經驗，接納自己終於能夠以慈愛的角度來看世界，持平和之心。

五、情緒管理的四不原則

面對自己或他人的負向情緒時，若無妥善的處理、應對，很容易掉入四種最常見、卻最應避免用來處理負向情緒的方式：責備、委曲求全、逃避及遺忘。一味地責備自己常導致嚴厲的自我批評，而忽略了真正的想法和感受，責備他人則把不愉快的原因歸咎於人，往往引起更大的憤怒；放棄自己立場的委曲求全，或許暫時處理了負向情緒，但長久下來，容易造成對自我的不肯定而導致沮喪；逃避的方式是根本拒絕去面對處理情緒，這背後可能隱藏著害怕或過去不愉快的經驗；而不做任何處理、只期待負向情

緒會自動改善的遺忘方式，只會使得創傷深埋。這些方式和態度都不能有效處理情緒，甚至於使情緒累積成為人生中情緒的負債和未完成事件。因此，在管理自己和面對他人情緒時，必須遵守四不原則，也就是「不責備」、「不委曲求全」、「不逃避」與「不遺忘」。

六、什麼是 EQ

　　過去傳統的智力商數（Intelligence Quotient）被認為是決定一個人日後成就高低的主要因素，事實上有些聰明、IQ高的孩子，結果往往不是最有成就的人。那麼如何才能預測一個人未來是否能成功呢？近年來，心理學者致力尋找智力與人格之間的橋樑，研究結果發現「情緒」可能是關鍵因素，認為在預測個人未來的成就上，情緒智力（emotional intelligence）比傳統的IQ指數更為重要、精準。相對於IQ，情緒智力可簡稱為EQ（Emotional Quotient），「情緒智力」一詞最早是由 Peter Salovey 和 John Mayer 在一九九〇年提出，是指一個人能夠了解、處理及運用情緒，使生活更豐富的一種能力。後來Daniel Goleman 在一九九五年出版「情緒智力」一書，使 EQ 的觀念成為報章雜誌爭相報導的主題，逐漸受到大眾普遍的關注和重視。

七、EQ 的四大内涵

　　根據 Salovey 和 Mayer（1997）最早的定義，EQ 是一種覺察自己和他人感覺情緒、分辨這些情緒，並且運用這些訊息來引導個人思考和行動的一種能力。但此定義中，似乎只涉及接收、管理情緒，而省略了思考這些情緒的意義。

因此，Salovey 和 Mayer 針對這個問題，提出 EQ 的四大內涵。這個圖表的安排是由底層最基礎的心理過程到較高、較複雜的心理整合層面：

EQ 的第一層次之內涵：覺知、評估及表達情緒的能力。

EQ 的第二層次之內涵：情緒帶動思考。

EQ 的第三層次之內涵：了解、分析情緒，運用情緒知識。

EQ 的第四層次之內涵：從規範情緒到提昇情緒與智力的成長。

㈠在覺知、評估和表達情緒上

1. 能從生理狀況、心情和想法中辨識情緒。
2. 能藉著語言、聲音、外表、行為和藝術的表達來辨識情緒。
3. 能正確表達情緒及相關需求。
4. 能分辨正確與不正確或誠實與不誠實的情緒表達。

㈡在情緒帶動思考上

1. 情緒比思考更能引導人注意重要的訊息。
2. 情緒是鮮活的，並足以幫助對感覺的判斷和記憶。
3. 情緒的變化會影響人由樂觀到悲觀，促進對事的多元考量。
4. 情緒狀況的不同會影響特定的問題解決方式，如快樂會促發更多歸納理性和創造力的運用。

㈢在了解、分析情緒，運用情緒知識上

1. 能標示情緒以及確認情緒和用字之間的關係，如喜歡和愛之間的關係。
2. 能解釋情緒間彼此關聯的意義，如悲傷常伴隨著失落。
3. 能了解複雜的感覺，同時可能經驗愛與恨或害怕與驚訝混合的情緒。

4.能了解情緒間轉換的能力，如由生氣到滿意或生氣到羞愧。

㈣在情緒的規範到提昇情緒和智力的成長上

1.對正向和負向感覺，都能保持開放的能力。

2.能根據情緒的訊息或功能，決定強化或削弱當下的情緒。

3.能偵察到人我之間情緒的變化。

4.調適負向情緒、增加正向情緒、不壓抑或誇張情緒所傳達的訊息，以處理人我之間的情緒。

EQ 的四大內涵由最基礎的接收、傳達情緒，到複雜的整合情緒意義，每一個層次在提昇情緒智力上都十分重要。然而此處特別將第一層次覺知、評估和表達情緒的方法及態度仔細加以說明，以期入門者更有跡可循、由淺入深成為情緒的自由人。

在日常生活中要覺知情緒時，可以從注意溝通中的情緒字眼、對方的肢體語言、使用的比喻及外在的行為表現著手。其次，在評估情緒種類時，首先依動機、目的、需求來區分正向或負向的情緒，然後再依引起情緒之刺激事件發生時間來判斷：

對過去的負向情緒——遺憾、後悔。

對過去的正向情緒——滿足。

對現在的負向情緒——氣憤、不滿、不平。

對現在的正向情緒——高興、愉快、興奮。

對未來的負向情緒——無奈、沮喪、無力。

對未來的正向情緒——憧憬、期待。

最後在表達情緒時，首先需要給情緒一個名字，說出與該情緒有關的情境，使用感官的字眼及緩和的口氣，例如「你覺得……」、「看起來……」、「感覺上……」、「有沒有可能……」、「對你而言……」來陳述自己觀察到的情緒反應。並可運用檢核的技巧來確定情緒是否已正確的傳

達且被接收。

八、結語

　　在情緒智力（Emotional Intelligence）逐漸取代智力商數（IQ）來預測個人未來成就的時刻，傳統的高智商或高認知能力不再是高成就的表徵，學習如何面對情緒、管理情緒才是現代人必修的課程和必備的能力。時下有些震驚社會的事件，如高學歷人才在面對挫折或壓力時，無法妥善的處理，導致最後以毀滅自己或他人的結局，實在令人扼腕，也在在突顯出情緒管理和情緒智力的重要性。

　　本文首先探討情緒的神經生理基礎，了解人的情緒一般是由丘腦將訊息傳達到新皮質（主理性思考）的前額葉加以思考、決定適當的情緒反應；但在危急時丘腦也可能將訊息直接送達邊緣系統（主情緒）的杏仁核，做出未經思考的情緒反應。其次檢視情緒的心理基礎，各學派、專家對情緒的定義和看法不盡相同，但基本上可歸納出情緒具動機性、情緒的產生有一定的歷程、情緒具主觀性、處理情緒會帶動認知和行為的改變等性質。而情緒的種類依學者 Viscott 的分類，可先將情緒分為正向或負向的情緒，再根據情緒發生的時間加以辨識。

　　此外，在開始情緒管理的第一步時，要掌握四不原則：以不責備、不委曲求全、不逃避和不遺忘的態度來面對情緒。再依據學者 Salovey 和 Mayer 提出的 EQ 四大內涵循序漸進，從日常生活中注意情緒字眼、肢體語言和比喻等方式來接收、評估情緒，再運用感官詞彙及和緩口氣來傳達情緒，逐步訓練自己培養本身覺知、評估和表達情緒能力的第一個層次。慢慢做到第二層次由情緒帶動思考；第三層次的了解、分析情緒，內化情緒知識，以便達到第四層

次——從規範情緒到提昇情緒與智力的成長，最後成為EQ的高手、情緒的自由人。

↓參考書目

江文慈（民 85）：解讀人類的另類智慧——EQ。諮商與輔導，124 期，39～42 頁。台北：天馬出版社。

李雪禎（民 85）：父母管教方式與青少年情緒經驗。國立高雄師範大學輔導研究所。

楊瑞珠（民 85）：主題輔導工作坊手冊—教師情緒管理。教育部。

Goleman, D. (1995). *Emotional Intelligence-Why It Can Matter More Than IQ*. New York: Bantam Books.

Lazarus, R. S. (1991). *Emotion and Adaptation*. New York: Oxford university Press.

Lazarus, R. S. & Lazarus, B. N. (1994). *Passion & Reason-Making Sense of Our Emotions*. New York: Oxford University Press.

Salovey, P. & Mayer, D. J. (eds.) (1997). *Emotional Development and Emotional Intelligence*. New York: Basic Books.

Shapiro, L. E. (1997). *How to Raise a Child with a High EQ*. New York: Harper Collins.

Shaver, P., Schwartz, J., Kirson, D. & O'Conner, G. (1987). Emotion knowledge: Further exploration of a prototype approach. *Journal of Personality and Social Psychology,* 52, 1061-1086.

Viscott, D. (1996). *Emotional Resilience-Simple Truths for Dealing with the Unfinished Business of Your Past*. New York: Crow Trade Paperbacks.

6

校園危機事件處理

吳英璋

校園危機事件的處理原則是將之視爲教育的契機，轉化成真實具體的生活教育。

學生在學校的任何一瞬間，都有學習。上課時，看著老師和善的笑容，真誠溫暖的態度，以及和顏悅色的表達，即形成喜歡老師、喜歡老師教的科目，甚至喜歡有老師在的教室等條件化反應（conditional responses，CR）（註一）；下課與同學發生爭吵，不論其結果如何，至少會形成正統條件化與工具條件化的反應，也可能同時形成模仿學習與認知學習（註二）；甚至上廁所，清掃教室與校園也都隨時有新的學習（註三），更何況是涉及某項校園危機事件之中。

對個人而言，「危機」指的是某件事情的發生造成暫時性的心理解組（disorganization）狀態，個人主觀覺得能力不足以應付該情境，且日常使用的問題解決策略與方法似已無效，因而帶有相當強度的情緒反應；不過這種狀態並不只是指向負向的結果，也可能指向正向的結果。亦即如平日所謂的：「危機是一種危險狀態，但也是一種轉機。」所以有學者主張：「危機就是作決定的時刻（crisis is a time of decision），個人的判斷與作法將影響經歷這個轉折點（turning point）的改變是更好或更壞。」

校園危機可以區分成身心成長性的危機（developmental crisis）與突發性的、情境性的危機（accidental, situational crisis）。前者指稱的是學生因身心成長上的變動所造成的危機。例如國中三年從十三歲到十五歲的身心變化，大致上可以分成身體的成長、認知的發展以及心理社會（psycho-social）發展三方面來討論。身體的成長方面如女孩子的初經、男孩子的初次射精、骨骼肌肉的變化、長得高長得矮、第二性徵的發展等等，對孩子個人而言，若沒有恰當的協助，都可能會造成危機，轉而影響其自我概念（self concept）、自我意像（self image），甚至自尊（self-esteem）；

認知發展方面，這個階段正是皮亞傑指稱的形式運作期（formal operation）的發展與成熟的臨界期（critical period），一個人在這方面的發展成熟度直接影響了他對周圍世界的「認知」，於其中，社會認知的發展更會強烈地影響他的社會關係；而在心理社會發展方面，Erikson 的身心發展理論仍很值得重視，他以「自我認同的成長危機（adolescent identity crisis）」稱呼這個階段的成長任務。不過，這三方面身心成長的危機不但是孩子的成長危機，是他們的「危險」與「轉機」，也是他們「可能變得更好也可能變得更差」的心理歷程。亦即這些危機並非老師或家長的直接危機，只有在孩子們「變得更差」時，才有可能轉成老師或家長的危機。所以老師與家長若能體認孩子們的成長危機，將之接納為成長過程的自然現象，就可以協助孩子變得更強、更健康（註四）。

第二類的危機是突發性的、情境性的危機。相對於可預測的身心成長性危機，這類危機是突發性的，如學校被縱火、某位同學發生意外等。另一方面，這類危機的發生，並不是源自於個案內在的變化（如身心的成長），而是外在環境的變化，所以也被稱為是情境性的危機。由於這類危機是外在的變化，欲瞭解它的作用，首先要釐清「它造成了那些人的暫時性的心理解組」，且使他們陷入「危險」與「轉機」的狀態。試以本卷錄影帶的內容為例：「某班教室被縱火」影響了那些人？當天晚上被通知趕往現場的校長、主任、輪值人員及老師是被影響了，不過，校長及時與消防及警察人員商量，控制住消息的傳播，避免了「謠言」的發生，也減少了「被影響者」的範圍；另外，校長明確地指揮，儘可能的立即處理現場，並將之區隔開來，也減輕了火災現場對第二天到校學生的影響程度。第二批受影響的是受縱火教室的學生，他們是受害者；而當發現縱火者本身也是該班的學生時，整個受影響的範圍可推測

如下圖：

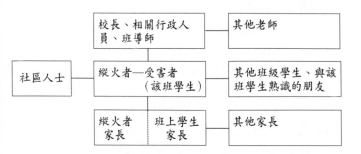

圖 6－1　情境性危機（教室被縱火）的可能影響範圍

　　如果這件事情有明確的報導，且儘速讓可能被影響的每一個人都有相同的瞭解，亦即不會有各種不同的訊息、揣測或謠傳，通常較不會引起相關的人們落入「暫時性的心理解組」。由上述之案例看來，校長與消防、保安人員有默契，與學校裡預先組織好的危機處理小組商量後，立即向全校老師說明，並請導師回到班上向同學們轉述；另一方面也選定學校發言人，任何家長、社區人士或媒體記者有疑問，暫由「發言人」說明，也將這件事情的複雜性降到最低。因此，大多數的老師、其他班級的學生、學生家長（縱火者的家長除外），以及社區人士都不會形成「暫時性的解組狀態」，所以「危機」只發生在以下三個範圍：

| 縱火者－受害者 | 縱火者家長 | 以及 | 校長、相關行政人員、導師 |

　　不過，為了預防萬一，最好仍有一套方法來瞭解其他人是否受到影響。譬如設立暫時性的「其他老師－校長」、或「其他老師－輔導主任、老師」、或「其他老師－某些接受過這方面的訓練的老師」管道，以方便任何一位老師心中有疑問，可以獲得立即的回應。老師的層次得到妥善

的照顧，才可能由全校老師共同注意所有的學生是否有那一位落入了危機狀態。

確定了「受影響範圍」後，接著是瞭解「影響的程度」。落入危機狀態，個人認知與情緒兩方面都可能「波濤洶湧」，但不一定全部呈現在個人的意識裡，所以，如果讓個人有機會完整地傾訴出來，則一方面他可以較清楚意識到自己的狀態，另一方面協助他的人也較容易規畫協助的策略與方法。校長與輔導主任（輔導老師）恰當地扮演了這種接受傾訴的角色，先穩住了導師，再協助導師穩住班上的同學；另一方面縱火者的父母也獲得相同的照顧，走出危機。於是，整個過程就剩下「縱火者」的處理了。

在這個例子裡，由於校長、主任皆有豐富的處理危機經驗，且學校裡預先就有危機處理的組織與演練，因此整件事情僅造成了少數人的危機，而這些人也都獲得妥善的協助，所以沒有人「變得更壞」（包含「縱火者」在內，都獲得了不同程度的成長）。

情境性、突發性的危機會因其內涵而有不同的影響力量。例如：有位同學在學校自殺、有位同學因打群架而被打成重傷、有位同學被勒索而受傷、有位同學意外（車禍）死亡、老師意外罹難等等，這些突發事件的影響範圍與影響程度都會有所不同。不過，當學校有恰當的先前準備，且有相當多的老師熟悉危機的處理歷程，而能各守其位共同處理，通常都能將校園危機轉化成教育的契機。

以下為某國中的校園危機處理小組的組織圖，以及應對自我傷害類的突發事件之作業要點與處理流程，作為學校形成「恰當的先前準備的參考」。

某國中「校園自我傷害」緊急處理要點

一、本要點依據教育部訓育委員會校園自我傷害防治專案辦理。

二、本校學生發生自我傷害時，在上課時間由任課教師；非上課時間由各班導師或訓導人員及在場學生，立即將患者送健康中心或請護士到場急救，並立即通知學生之緊急聯絡人。如有必要時，醫護人員應即刻聯絡一一九或直接送醫治療。

三、事件發生時的通報流程（立即通報）

(一)上課時間：任課教師自行處理或指派學生即刻通知→

　┌ 班導師→訓導主任 ┐

　　　　　　　　　　校長

　└ 輔導老師→輔導主任┘

(二)非上課時間：本校教職員工或學生即刻通知→

　┌ 職週導護老師或生活教育組長→訓導主任┐

　　　　　　　　　　　　　　　　校長

　└ 輔導老師→輔導主任　　　　　　　┘

四、學生發生自我傷害事件時，導師、輔導老師或生活教育組長應負責與傷患學生家長取得連繫。

五、傷患外送醫院護送人的優先順序

(一)一般情況：任課教師→班導師或訓導人員→醫護人員

(二)特殊情況：導師或醫護人員→輔導老師或生活教育組長→訓導主任、輔導主任

六、傷患送醫急救費用，由訓導處提撥現款備用，必要時得動支總務零用金支付。

七、送醫經費之預支與歸墊，由訓導處及健康中心會辦之。若因特殊原因該款項無法收回歸墊時，需檢據簽請校長同意另籌財源支付之。

八、各事件應於結案後一星期內，由訓導處提出書面報告，會輔導室呈校長核閱。

九、本要點經校長核准後實施，修正時亦同。

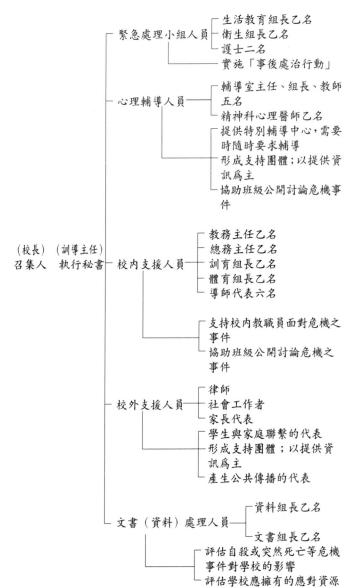

緊急處理小組人員
├ 生活教育組長乙名
├ 衛生組長乙名
├ 護士二名
└ 實施「事後處治行動」

心理輔導人員
├ 輔導室主任、組長、教師五名
├ 精神科心理醫師乙名
├ 提供特別輔導中心，需要時隨時要求輔導
├ 形成支持團體；以提供資訊為主
└ 協助班級公開討論危機事件

（校長）　（訓導主任）
召集人　執行秘書

校內支援人員
├ 教務主任乙名
├ 總務主任乙名
├ 訓育組長乙名
├ 體育組長乙名
├ 導師代表六名
├ 支持校內教職員面對危機之事件
└ 協助班級公開討論危機之事件

校外支援人員
├ 律師
├ 社會工作者
├ 家長代表
├ 學生與家庭聯繫的代表
├ 形成支持團體；以提供資訊為主
└ 產生公共傳播的代表

文書（資料）處理人員
├ 資料組長乙名
├ 文書組長乙名
├ 評估自殺或突然死亡等危機事件對學校的影響
└ 評估學校應擁有的應對資源

圖 6-2　某國中校園危機處理小組組織圖

某國中「校園自我傷害」防治處理作業要點

一、依據：本要點依據教育部訓育委員會校園自我傷害防治專案辦理。

二、目的

(一)預防校園自我傷害事件發生。

(二)會同輔導自我傷害高危險徵兆個案。

(三)處理校園自我傷害事件。

三、作業要點

(一)預防處理

　1.改善校園環境，避免不良環境的產生。

　2.定期舉辦訓練課程，使全校教職員工熟悉青少年的自我傷害警告訊息及應急的處理原則。

　3.輔導老師定期參加年度的專業訓練課程，熟悉校園自我傷害的輔導策略、技巧與可資應用的社區資源。

　4.定期舉辦親職教育、成長團體、輔導知能訓練等活動，提供全校教職員工自我成長教育。

　5.協助學生適應學校環境，並提供各種活動來激勵學生，使之不易被挫折打敗。

(二)危機處理

　1.對有高危險徵兆的學生，導師、輔導老師、危機小組成員應立即會同輔導並給予支持與關懷，包括傾聽、支持、保持敏感、信任自己的判斷、採取行動，以及注意是否已有先前的企圖。

　2.輔導人員應扮演一個關心的、真誠的協助者角色，鼓勵學生將其內心的感受與想法儘可能完整地表達出來，共同尋求解決該學生面對實質的或主觀的、抽象的壓力。

　3.經由衡鑑，瞭解當該學生的自殺想法或行動已相當嚴重時，輔導人員應當做到：

(1)與該生直接討論他的自殺想法。

(2)恰當地表達輔導人員對他的關心，使他覺得他並不孤單。

(3)態度上要積極，但表現則要冷靜，容許學生依他的節奏表達他的內心感受。

(4)協助學生釐清死亡的現象，如死是一種永久的、無法重新來過的歷程；死亡是一種生命的現實狀態，不是小說或卡通所描寫的幻想狀態。

(5)多強調環境與個人的可改變性。

(6)馬上採取幫助的行動，如：聯絡家人、重要的朋友，共同解決目前的、緊急的生活壓力等。

(7)瞭解輔導人員本身的限制，在必要時，立即聯絡其他專業人員。

4. 召開個案會議──由輔導主任主持，召開導師、訓導主任或生教組長及個案相關人員、全體輔導老師及小組成員共同研討危機處理的步驟，採取一致的行動。

(三)事後處治：成立事後處治委員會

1. 委員：事後處治委員即本校危機處理小組成員。

2. 任務

(1)評估自殺或突然死亡對學校的影響。

(2)評估學校所擁有的應對資源。

(3)實施「事後處治行動計畫」。

(4)於高危險時期，建立一特別輔導中心，讓學生們清楚知道，當他們有需要時可以「隨時」來要求輔導。

(5)協助班級召開討論這件死亡事件的討論會。

(6)支持校內教職員工面對這件事。

(7)形成支持性團體，即是以提供資訊為主的支持性團體。

(8)產生與家庭連繫的代表。

(9)產生與公共傳播連繫的代表。

3.工作細則

(1)評估自殺或突然死亡對學校的影響--------全體委員

　①收集並驗證有關自殺或意外死亡的所有資料。

　②評估此事件對學生的影響並找出需特別注意的團體。

　③評估此事件對教職員工的影響，並且幫助涉入的教職員工。

(2)評估學校的資源--------------------------全體委員

　①危機小組是否夠客觀？是否不會有感情或情緒涉入？

　②對個別的成員或整個學校而言，他們如何受此事件的影響？

　③需要多少校外資源，如其他學校或社區的危機小組成員的協助？

　④危機小組應有權力選擇必要的顧問來協助處理。

　⑤小組在必要情況下，應可擴大到包括生命線工作人員、地區精神科專科醫師或不同宗派的神職人員。

(3)介入及實行行動計畫

　①通知學生及教職員工，這應選擇在班級或小型團體中進行，不要集合起來報告，並將報告限制在告知事實而非個人揣測，提供必要的支持。------------------------教務主任、訓導主任、輔導主任

　②清楚說明學生如何／何時／在那裡得到幫助，例如：那些學生可以個別地或以團體形式進行會談。--------------------------訓導主任、輔導主任

　③小心照顧死者的好朋友。---------導師、輔導教師

　④找出高危險的學生，並擬訂照顧計畫。---------------------------------導師、輔導教師

⑤有關喪禮的事宜應該提出討論，並決定誰去參加喪禮。------------------------訓導主任、總務主任

⑥指定一危機小組成員去和家長接觸。---------校長

⑦指定一危機小組成員去和大眾媒體接觸。---校長

⑧決定何時聯絡校外專業人員。------------輔導主任

(4)成立特別輔導中心------------------------------輔導主任

①提供學生關於此事件的訊息，事後處治的計畫及社會可用的資源。

②回顧一下當失去親友時有那些因應方法。

③評鑑有那些學生處於危機當中。

④評鑑有那些學生需轉介到校外的機構。

(5)幫助班級的討論---------導師、訓育組長、輔導教師

①閱讀緊急通知時，需注意班級裡可能先前已討論過此一不幸事件。

②這是一個班級討論會，而非一個治療的過程。

③表現出有信心、鎮靜、明確及鼓勵的態度。

④自由討論大家的感覺，並請保持不批評的態度。

⑤讓學生發洩他們的感情及對此事件的關心，有各種感覺都是十分正常的，而學生中的感覺也許會有很大的差異，這些感覺也許會很快地改變。

⑥減少任何有批判性的字眼，將討論針對如何解決問題及如何使用更好的方式來應付此一事件。

⑦避免有指責的情形出現，如可以說「那不是我們可以決定的」、「我們並不是偵探」。

⑧再次引導表達出生氣的感覺，例如說：「生氣是很多在遇到這種事情都會有的反應，你在生氣時，都做些什麼？」

⑨討論會領導者將在接下來的幾天之內看到很明顯的悲哀的徵兆，這是十分正常而且可被接受的。

⑩需仔細觀察是否有不尋常的反應，並且尋求進一

步的介入。

(6)支持校內工作人員。-------------------------------校長

危機小組將評估高危險的校內人員並建議他們如何
因應,並且對死亡學生的老師提供支持,通常幫助
教職員會間接使學生受益。

(7)幫助支持性團體的進行。------輔導教師、輔導主任

此團體是由特別輔導中心評估後決定成立的支持性
團體,危機小組的成員或心理衛生之專業機構應助
其進行。

(8)聯絡家長的代表。--------------訓導主任、校長指定

①表示弔慰並告知家長學校的關心,以及在學校將
有一些處理程序。

②徵求他們的同意以便告知其他學生及教職員有關
死亡的資料。

③瞭解喪禮有何安排,參加的學生們,須事先作準
備,如宗教儀式。

④告知家長可能會有學生以團體形式出席喪禮,建
議家長接受他們弔慰之後,請他們立即離開。

(9)聯繫大眾傳播媒體的代表。----教務主任、校長指定

①發言者最好是危機小組之成員,最好是事後處治
的成員。

②訊息應儘量依事實報導,不要渲染。

③應禁止接觸學生和教職員,而只限於和危機小組
代表接觸。

④應提供媒體以下資訊

‧關於自殺話題的一般性報導。

‧關於學校發生此事件的特別報導。

‧自殺的警告徵兆。

‧應促使媒體報導地區的協助資源。

‧不應將自殺戲劇化。

附註

註一

　　「笑容」、「真誠溫暖的態度」及「和顏悅色的表達」三種刺激皆能反射性的引起「舒服、愉快、覺得安全」的反應，所以前者可以作為非條件化刺激（unconditioned stimulus，UCS），後者則為非條件化反應（unconditioned responses，UCR）。某位老師甲如果與前述之 UCS 一起出現在學生面前，即會正統條件化歷程（classical conditioning）。

　　如下：

笑容／真誠溫暖／和顏悅色（UCS）→舒服／愉快／安全
　　　　　　　　　　　　　　　　　　　　　　（UCR）

老師甲

　　CR是類似UCR的反應，意即「老師甲」這類刺激經過條件化歷程，也能反射地引起某種程度的舒服／愉快／安全的反應。這項學習，會類化到老師教的科目以及老師出現的教室；也可能經由高階的條件化歷程，形成這類結果。

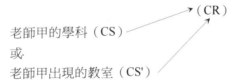

老師甲（UCS）──────→ 舒服／愉快／安全（UCR）
　　　　　　　　　　　　　　　　　　　→（CR）
老師甲的學科（CS）
或
老師甲出現的教室（CS'）

註二

　　「下課與同學發生爭吵」，同學本人與同學的行為皆為某生的刺激，其互動的情形可以分析如下：

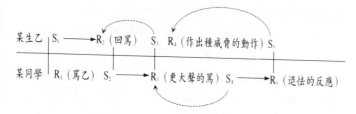

某同學以言語罵乙，他的行為（R_1）即成為乙的刺激（S_1）；受這個刺激的引發，乙回罵回去（R_2）；R_2即成為某同學的刺激（S_2），S_2隨即引發某同學更大聲罵（R_3），而R_3即為乙的刺激S_3，轉引發了乙作出威脅性的動作（R_4），R_4又成為同學的刺激S_4，引發了某同學退怯的反應（R_5），R_5成為乙的刺激S_5……。

在這些過程中有正統條件化的學習歷程：

被罵（USC）→不舒服／生氣（UCR）

↗（CR）

某同學（或乙生）（CS）

經過這項吵架，兩個人都會形成看到對方就覺得不舒服／生氣（即使尚未被罵，亦會有此項反應）。在這過程中，也有工具條件化的學習歷程：

$S_1 \longrightarrow R_2$
　　　↘ S_3/R_3

某生乙被罵（S_1），回罵回去（R_2），結果是對方更大聲罵（R_3／S_3）。乙被大聲罵（S_3），作出威脅的動作（R_4），結果是對方的退怯（R_5／S_5）。

$S_3 \longrightarrow R_4$
　　　↘ S_5/R_5

$S_2 \longrightarrow R_3$
　　　↘ S_4/R_4

某乙經過這段吵架，以後在接受到某同學罵他的刺激，乙將傾向於做出威脅的行動，而不是回罵回去。某同學接受到乙的回罵（S_2），表現出更大聲罵（R_3），結果是被威脅（R_4／S_4）。經過這個歷程，某同

學經過乙的回罵將較不可能出現更大聲罵。

另一方面，乙的威脅性動作可能是某同學從未有的行為，他在「看」到某乙對自己作出這種威脅動作後，即將之記錄在認知歷程中，並轉化成內在的認知組型（internal cognitive pattern），而藉以組成新的、類似於該威脅動作的行為組型，於未來其他恰當的情況下，表現出來，此即為模倣學習的學習歷程（類同於父親如何打兒子，兒子會以相類似的方式打弟弟）。

而兩者相互罵的內容，則可能經由工作記憶（working memory）的操作，而融入長期記憶，形成了認知學習。

註三

上廁所隨時可能出現「新的狀況」，而藉由正統條件化的歷程，學習到對廁所的不舒服／厭惡；也可能經由工作條件化歷程，學到「如何上廁所」最方便。清掃教室也可能如此。

註四

身心的成長，尤其是心理的成長，常常被個人「遺忘」，似乎長大了就不再記得自己在小學一、二年級時，是如何看待父母親、老師、同學，以及周圍的世界。大多數的人在畢業多年再回到小學母校時，感覺到「我的小學怎麼變小了」；小時候覺得很大的操場，整個縮水了。儘管有這種感覺，但是只有很少數的人會去追究「那個時候」個人如何看待這個世界，而多數人只是以現在的心理狀態（包括各種心理能力）去理解或解釋那種感覺，因此，這些人也很容易以「大人的眼光」看待小孩。國中生通常都長得滿像個成人了，很容易被父母或師長「當作成人」看待，也因此而容易形成孩子「不容易克服的危機」。所以「體認」孩子的身心成長危機，並儘量讓自己回到十三、四歲

的心理狀態，將這種成長過程視爲自然的過程，作父母或師長的即可以讓孩子感受到他是被瞭解、被完全接納的。有這份瞭解與接納作基礎，父母或師長即能協助孩子變得更強、更健康。

記 事

7

親師溝通

鍾思嘉

一位幼稚園園長說：「我最怕碰到不理不睬的家長。」一位小學老師說：「我最頭痛的是三天兩頭到學校來囉唆的家長。」一位為孩子轉了三所學校的媽媽說：「我為的就是想幫孩子找一位好老師。」一位憤怒的父親說：「老師是做什麼的？什麼事都要老師多加管教……。」

長久以來，父母與老師之間彷彿存在著一些心理隔閡，而產生溝通不良的情形。在許多場合中，常聽到父母怪老師不夠盡心、老師怪家長不能合作等類似怨言。父母與老師都是輔導孩子的第一線工作者，對於孩子智力、創造力、人格發展、身心健康等方面的影響同等重要。如果兩者之間不能協調一致，不能相輔相成，這將是孩子的損失，也是學校、家庭和社會的損失。因此，在呼籲親子溝通聲中，親師溝通也是現代教育中重要的一門功課。

一、同理心的溝通

每個人的成長背景、觀念想法各有不同，因此只站在個人的角度去看事件，難免有些自我中心，不能體認別人的需求與感受。所謂同理心，乃「人同此心、心同此理」的延伸；即如果我是對方，我會有什麼感受和想法等。以父母而言，開放心胸去試著了解老師的處境，比如說，當自己管教孩子不能順心時，想一想老師面對的是多少倍孩子的問題，他是怎麼費心盡力的，甚至可能遭遇一些不如意的困難。以老師而言，也試著拋棄成見去了解父母的心境；比如說，天下父母沒有不愛子女的，甚至把自己的孩子當作寶貝，因此總希望老師對自己的孩子好一點、多照顧一點。所以，父母的要求是一件事，而老師面對的是許多父母的許多件事，各人有其個人立場和作法，此刻所需要的是同理心，尊重和接納對方的感受和想法。父母和老師不

95

妨去傾聽對方的煩惱或困難，想一想如果我是對方的話，我可能也有同樣的困擾。雙方都能有如此合理寬容的想法，我想一定能坐下來好好討論孩子的教育問題了。

二、老師主動出擊

　　許多老師都有如此感受，諸如辦親職活動時，該來的不來，而來的可能是平日關心孩子或孩子問題較少的家長，如果老師們只是等在學校裡大嘆家長不合作、不關心，還不如走出學校去主動出擊。通常老師最常做的是家庭訪問或運用家庭聯絡簿，但效果如何呢？我想這是技巧的運用問題，那麼如何才能贏得家長的合作？讓我們來試試另一種溝通方法。

　　每位老師都想拜訪班上每位學生的家長，尤其以低年級的老師為然。如果小孩表現得十分乖巧，則家庭訪問倒也是件愉快的差事；反之，若是學生相當淘氣，則老師和家長之間的接觸就不那麼令人愉快了。教師們往往對家長數落學生給他惹的麻煩，或者要求家長對其子弟的課業和品德多加督促。最常見的情形是，老師把督導學生課業的責任一股腦地丟給學生家長，尤其是督導學生的家庭作業。這種方式往往造成家庭中不愉快的氣氛，也使學生對上學加以抗拒。想想看，那位家長不希望他的子弟品學兼優？如果家長有辦法管好他的子女，又何必要老師費神呢？所以不到萬不得已，不要把改進學生缺點的責任扔給學生家長，因為這樣通常只會使情況更加惡化。

　　如果換個角度，家長對老師的看法如何呢？他們往往覺得「老師是幹什麼吃的？」他們認為當老師的就應該知道怎樣去教學生，就應該盡力去使學生的成績表現優異。同時他們也覺得，當小孩調皮搗蛋的時候，做老師的應該有

一套辦法去對付。

　　老師和家長之間把學生的問題當作燙手山芋，互相推諉責任，並不能解決問題。有一個古老不成文的定律說：「要是孩子的娘越管不住孩子，她就越曉得怎樣教孩子的爹去管孩子。」這何嘗不能用來形容老師和家長之間的關係。如果老師有辦法管得了學生，他就不會去抱怨缺乏家長的合作了。誠然，老師可以要求學生的家長要如何如何；但是，除非老師自己受過親職教育之類的課程和訓練，否則是無法告訴學生家長要怎樣去達成這些要求，或給家長任何有用的建議。教師只有在提供親職教育，教導父母們怎樣管教子女的有效方法時，才會處於有利的地位。正因為傳統教養子女的方式日漸式微，父母應熟稔以民主方式教養子女的有效方法。沒有人會比老師更能夠幫助學生家長克服教養子女上的問題，因為老師知道什麼方法能夠有效的影響學生。

　　我們很容易了解，為什麼老師常常抱怨學生家長不夠合作。老師往往想盡辦法影響那些不肯合作的家長，理所當然地，家長們會將他們與老師之間的接觸視為畏途。老師給家長的聯絡簿或家庭訪問時的談話往往是導致老師和家長產生對立的原因之一，「小毛今天沒帶家庭作業」、「小毛不能安靜地坐著聽課」、「小毛老是不專心，做白日夢」、「小毛和別人打架」諸如此類的敘述，沒有人認為這樣做有什麼不妥當，老師總是認為學生家長想要知道這些消息，並且也應該知道。但是這樣做的效果如何？如果老師捫心自問，老實說，一點用也沒有。當老師寫這些通知或告訴學生家長時，他應該很清楚情況絕不會因此而有所改善，也許以前他就給過這個家長類似的通知或家庭訪問，那麼為什麼老師樂此不疲？稍加思考就不難明瞭：老師在課堂上鬥不過學生，學生也別想在家裡有好日子過。當然在這方面老師是成功了，但是和家長的關係卻不會因此而有所

97

改善，相反地，會讓家長們覺得被迫捲入老師和孩子的紛爭中。

　　因此，建議學校老師們想從事家庭訪問時，應與學生家長建立良好的關係，尤其是第一、二次訪問時，如想爭取家長的合作，不要一股腦兒向家長訴說學生的種種不是，而向家長報告孩子在學校表現好行為的事實，如「你家小明最近都能準時交功課（也許他做得不好，但不必說），「大華上星期參加班上拔河隊，和別班比賽贏了」（也許他只是拔河隊三十人中的一個），「小珍昨天幫我送簿子到辦公室」（也許你叫他做的）……等等。做老師並非以虛構的故事欺騙家長，因為一般父母一聽到老師要上門，都會害怕或指責孩子，一定在學校犯了錯，而今天老師居然沒說孩子的問題，而且說他好，天下父母心，總喜歡聽到自己的孩子表現好，此時請求他們與學校合作，家長一定非常樂意的。因此，在頭幾回的的連繫中，盡量不要在家長面前批評孩子的不是，即使要批評也要夾在厚厚的讚美之中，這樣子才能使家長容易接納你的意見，進而在孩子的管教上與你配合。同樣道理，在家庭聯絡簿上，也請你多舉一些孩子好行為的事實。如果抱持以上態度，設身處地為家長著想，也就是發揮了適當的「同理心」，自然能贏得學生家長的合作。有時甚至還有一個意想不到的效果，發現孩子在學校的行為逐漸改善，原因可能是家長聽到老師對孩子的讚許，轉而告訴孩子，孩子聽了高興，也企盼自己更努力向上，如此一來，學生在學校時就會更與你合作，這不是很美好的循環嗎！同時，家長也不再視老師上門、與老師保持聯絡、參與學校活動等為畏途了，而且樂於和老師聯絡。

三、父母虛心請教

　　人人都受過教育，對於教育都有些了解，因此也都能說出一些教育道理；然而知識進步神速，專業地位越來越受到重視，老師擁有的學養水準也在教育當局的要求下不斷提昇，自非父母過去所能理解的程度所及。即使有些父母受過高等教育，甚至修讀心理、教育學科的，也不一定對某個專業領域有所了解。因此，家長應尊重老師的專業角色和技能，不要隨便干預老師的教學觀念和方法，這不但會造成彼此之間的溝通不易，也對孩子的教育毫無幫助，甚至可能有害無益。父母可以做的，是以請教專家的態度與老師討論以適度表達自己合作和關心的誠意，提供孩子在家中的生活情況，接受老師的一些專業建議等。如此一來，當老師受到尊重，相信他也會樂於接受家長的意見。

　　除了拜訪老師與老師溝通的方式之外，打電話與老師連繫也不失為一個好方法，但是別常打，否則會干擾老師的私生活太多。無論採取何種方式，別忘了多給老師一些支持肯定，即使有一些意見也得把「批評夾在厚厚的讚美之間」。例如，以真誠的表示開始「某某老師，不好意思打擾您，我是某某人的家長，我常聽到孩子談到您的一些教法，非常敬佩，謝謝您這麼認真的教孩子……，今天孩子回到家，說他在學校發生……（把事件長話短說），我想這個問題得請教您，看我們作家長的應該如何配合……。」然後耐心地傾聽老師的說明。

　　有時孩子回家會說一些可能引起親師誤會或衝突的話，孩子也許可能無意說謊，只是表達不夠清楚（認知和語言正在發展之故），或者只說利於自己的一面之詞（不需責怪孩子，父母首先傾聽孩子的問題和反應孩子不愉快的情

緒），這是人之常情，請先不要急，即使聽起來很嚴重，衝動也只會誤事，先打電話或拜訪老師，把事情加以澄清。其實，大多數的事件在證實之後通常都是些小事，不必過分在意。

然而，父母常未弄清楚事情真相，聽了孩子一句話：「老師對我不好」、「老師偏心」等，便一股腦兒氣憤的怪罪在老師身上，甚至到學校去找老師理論一番，這是不公平的，也會造成不必要的誤會。孩子的想法很單純，也比較狹隘，常會看不到事情的全盤真相，在未問清楚的情況下，只有火上加油，使孩子和老師之間的關係更為惡化，甚至讓孩子失去了獨立負責的能力。父母也不應該在孩子的面前數落老師的不是，那樣做只會加深孩子對老師的敵意；也不必偏袒老師（如「一定是你不對，否則老師不會對你……」之語），那會讓孩子更加為自己辯護，甚至以後不願再告訴你學校的事。父母首先傾聽孩子的問題和反應孩子不愉快的情緒（如「老師對你不好，你很難過生氣」等），並接納孩子心中不滿、不平的感受，然後與孩子一起思考或探索問題及方法，這樣不但幫助孩子建立合理的想法和解決途徑，同時也避免自己處於老師和孩子間的尷尬處境。

如果想更有效地增進親師溝通，得抽空多參與學校舉辦的活動，如親職教育講座、親師會、父母成長團體、讀書會、教學成果展覽、運動會、園遊會等。若是有更多心力，能主動協助學校推展教育工作，如許多學校的愛心媽媽、導護爸爸等，不僅能和老師保持良好的溝通，而且對孩子的教育和學習上的示範都有其深遠的意義和效果。

四、親師共同成長

　　父母與老師是孩子教育事業的合夥人，因此雙方的溝通必須共同努力增進。除了定期或不定期的互訪，參與各項親師活動外，也應該找機會與時間作自我充實和進修。目前老師在職進修的機會很多，只要悉心接受一些新觀念和方法，必能有所成長和進步。雖然父母接受這類的專業訓練機會較少，但是目前社會提供父母親職教育的講座、電視節目等越來越多，可說是應父母的需求，父母得把握機會，切勿等孩子問題發生了，才去請教老師或輔導專家，到時必然會來不及。

　　有位媽媽告訴我，她平日不但熱心學校活動，而且加入學校的媽媽輔導團，甚至當發現一些教育的好書刊，還主動訂購送給老師參考，雙方不但合作愉快，而且彼此水乳交融。今日的父母在孩子的教育上扮演的是參與、合作的角色，而今日的老師扮演的是父母的顧問、孩子的經師和人師角色。因此，彼此多互相支持、鼓勵，將是孩子之幸。

記　事

8

校園中的兩性關係

陳皎眉

校園是個學習的場所，學生不僅學習課本上的知識，也學習人與人之間的相處和互動，對正值青春期的中學生而言，和異性交往更是一項重要的學習課題。但有鑑於近年來校園中層出不窮的兩性問題，例如：性騷擾、師生戀、九月墮胎潮……，從這些在校園中發生的事件，我們可以發現，懵懂的學生似乎只是依靠著嘗試與摸索，在學習和異性之間的互動與交往；不僅被許多人云亦云的錯誤觀念所影響，也採用了許多錯誤的方式與管道去瞭解異性。以下我們除了將試著瞭解現在學生在和異性交往時的一些想法外，也針對時下常發生的校園兩性問題，進行深入剖析並提出相關因應之道。

一、他（她）們想要知道什麼？

　　根據「好學源幸福家庭推廣學會」（民 85）針對全國三十四所國、高中學生所做的研究發現，約有47.3%的國中生及 60.5%的高中生表示想對異性多瞭解一點。而學生們最感興趣、私下最常會與同學相互談論的話題依序是：「異性的構造」，接近有 66.8%的國中生及 58.8%的高中生都對此話題感興趣；第二個熱門話題是「性經驗」，有34%的國中生及49.4%的高中生都曾談論過；第三個常談論的話題則是「性病有那些」，有45%的國中生及44.6%的高中生會私下與同學談到此議題，而「如何避孕」、「墮胎」、「同居」也是學生們普遍好奇及感興趣的話題，約有12%至21.4%的國中生，及 30%以上的高中生曾相互討論過此話題。

二、人不痴情枉少年～青少年的異性關係

心理學家發現，青少年時期是學習愛人與被愛的重要關鍵期；如果在青少年時期沒有機會與異性朋友交往，則在人生的其它階段，學習起來都會比較困難。而青少年本身對於和異性的交往，所應該抱持的原則包括：要坦誠，不要存心欺騙；要用比較輕鬆坦然的態度和異性交往，要誠懇，不要存有利用對方的心；不要抱持「養魚」或「騎驢找馬」的態度；要學習溝通；要使自己更為「可愛」，培養自己良好的人格特質，善良、體貼、關心他人，讓人更願與你交往；要感情與理智並重；不正常的感情要放棄，及避免婚前性行為。

三、戀曲 1997～師生戀

一般認為當彼此有直接的師生關係時（例如：一方為另一方的任課老師、指導教授）不宜發生，特別是如果有一方是未成年人。師生戀往往予人不公平、不適當的感覺，因為師生關係本來就是一個不平衡的權利關係，而師生戀就會讓人覺得老師佔了學生便宜。學生應仔細思考自己的心態，如果無法釐清，應向父母、其他師長或輔導中心的老師們尋求幫助；老師在師生關係中，更不應該誤導學生，讓他們以為你對他們情有獨鍾，也必須思考自己是否可以發展這種關係。

四、小紅帽與大野狼～校園性騷擾

　　Fitzgerald 定義「學術性騷擾」是一種在性別認同上的權力濫用，而導致妨礙或傷害學生完整的教育福祉、氣氛或機會的行為。它包含了下列幾種形式：(1)威脅性交換之性騷擾；(2)製造一個令學生感到敵對、受恐嚇或被侵犯的學習環境；(3)對提供性服務者給予特殊待遇之間接性騷擾。性騷擾的發生是源於權力關係的濫用，並非被騷擾者的過錯。

　　關於校園性騷擾的預防，在學校方面：(1)提供明確的反性騷擾政策，並且加強全校師生對性騷擾的瞭解；(2)學校必須有一個監督系統，可以有效地評估各種性騷擾申訴管道的適當性；(3)學校應開設相關課程，以提供反性騷擾的相關訓練。學生方面：(1)教導學生區辨潛在騷擾者的警訊指標；(2)對於違反自己意願的脅迫或利誘之性騷擾，要堅決清楚地說「不」；(3)必要時聯合曾受過性騷擾的同學一起採取行動。

五、當王子愛上王子～同性戀

　　一九四八年金賽對同性戀開始進行研究以來，人們對於「同性戀」才開始有比較多的認識。有些學者認為同性戀者，必須是與同性伴侶發生過性行為者才是，有些則認為最重要的考慮應該是心理的傾向，而將同性戀者定義為：「只追求同性間情感與性慾，而對於異性則毫無興趣的人。」關於同性戀出現的原因，有的學者認為是因為性別認同錯誤而造成同性戀的發生；也有學者認為是因為腦部結構或內分泌失調所造成的結果。近年來，研究逐漸從多

因素的角度來探討同性戀的起因，認為是因為生理與心理各方面的發展結果，造成性取向的不同。

對於校園中同性戀者的輔導，首先將情境性、偶發性、反抗傳統、金錢交易等四種「假同性戀」排除，才能確定當事人是真的同性戀者。瞭解當事人對自己是同性戀者這個事實的看法，如果他們覺得作為一個同性戀者是「心之所欲」而不願更改，我們也願尊重其選擇，而不要強迫、歧視他們。社會家庭也應減少對青年男女交往的壓力，使異性間得以適當交往，以減少同性戀的出現。

六、知難行易～性知識不足

研究發現：無論是小孩、青少年、成人，甚至已屆退休之老人，大都性知識貧乏，就連老師、父母、家計、護理人員等經常有機會要傳授性知識的人，也都呈現性知識缺乏、不確定或不足的情形。國中男生最擔憂的生理問題首推性功能是否正常，包括：性無能、性冷感、陽萎、早洩、不能勃起、不能持久、夢遺、自慰、何時射精等，其次是性器官的發育及性徵問題；國中女生則最擔心：自己的身高、體重、外貌是否吸引人、生理期的困擾及性器官的發育問題。而男女生都關心：有關兩性生殖的知識，包括將來會不會得不孕症？性行為會不會導致性病、懷孕？過度自慰會得病或影響日後生產嗎？看不良書刊或影片會不會影響心理健康？性幻想是不是不好？自慰被發現怎麼辦？如何拒絕性行為的要求？懷孕怎麼辦？

陳皎眉針對選修其兩性關係課程的二百一十位政大男女學生進行研究，發現大學生對男性生理結構方面最想瞭解以下問題：男性是否該割包皮？為何及何時男性容易性衝動？如何宣洩？什麼是早衰、腎虧、陽萎？為何及何時男

性容易夢遺、自慰？什麼是男性的更年期？男性一天可以性交幾次？維持多久？何謂勃起？可維持多久？女性生理結構方面則最想瞭解以下問題：為何女性容易罹患「子宮頸癌」、「乳癌」，有何早期症狀？何謂生理期？月事不順有何隱憂？應注意的生理衛生為何？何謂女性的安全期？如何減少經痛，是否會因生產而消失？更年期的婦女性慾是否會降低？其心理與生理上的變化為何？如何有效避孕？比較國、高中生與大學生最關心的生理問題，可以看出大體上兩個群體的學生都還是最關心有關性器官、性功能、性行為、性疾病的問題，但是隨著年齡的增長，身心的成熟，他們關心的重點也有所改變。

七、原來這就是性愛？～A片、黃色書刊、
色情光碟

　　台北市女性權益促進會的調查發現，青少年的性知識來源多倚賴學校、同儕，不過仍有不少人透過 A 書、A 片求得滿足，而父母在性教育方面幾乎缺席。且超過六成七的青少年曾看過 A 片，而影片來源則有七成五來自第四台。看過黃色書刊的亦不少，男生比例明顯較高。

　　有些研究發現色情品對人沒有不良影響，美國政府「色情品問題委員會」提出的報告認為色情刊物與非法行為沒有關係。而北歐國家的實際統計更發現，色情品的合法發行反而降低了性犯罪的發生率。但一些研究發現色情品有不良影響：美國的「色情出版品委員會」發現，經常接觸猥褻出版品者，有較多暴力行為，而經常接觸描述凌虐婦女的色情出版品，可能與性侵略行為有關。

八、只要我喜歡，有什麼不可以～婚前性行為

郭明雪調查台北市五專五年級學生約會行為發現，除拉手外，其餘之性行為均有顯著的增加，尤其是男生的性交行為由20.69%增加到55.15%，女生則由3.96%增加到6.86%。而青少年的婚前性行為往往會導致極為嚴重而不幸的後果：即使沒有懷孕還是會帶給當事人罪惡、焦慮的感覺。如果婚前性行為導致未婚懷孕，可能兩個當事人盡快地結婚，然而男孩子不見得願意為這件事負責，也不見得有這個能力。如果無法馬上結婚，則可能把孩子生下來，成為私生子或墮胎。兩者皆會產生負面的影響。

因此，未婚女性青少年，應該遵循下列原則：慎重地交往，自己態度保持莊重，避免和異性朋友出入不良場所或容易引起性衝動的地方，學習在兩情相悅的時候控制自己的性衝動，學習拒絕對方婚前性行為的要求。

九、亞當與夏娃的世紀神話～男女真的有別嗎？

美國學者 Weitgman、Eiller、Hokada 和 Ross 曾將一些學齡前兒童的書籍作內容分析，並發現書中以男生為主角的比例比女生大得多，李元貞曾檢視國小教科書的內容，也發現男女出現於教科書的比例極為懸殊；歐用生也認為歷史上女性的貢獻，在教科書中通常都被忽略了；謝臥龍、

駱慧文發現從幼稚園到國中的師生互動，都充滿了性別不平等待遇，在國中科學教育的課堂中，老師通常給予男生思考與候答的時間也顯著地長於女生。

十、美好的結局（或開始？）～性教育

根據「好學源幸福家庭推廣協會」的調查，發現有近半數的同學希望學校有系統的教育，譬如用演講、錄影帶、圖片等來學習性知識。而青少年對學校性教育的滿意程度也隨著年齡而遞減，高中、職男生的滿意度最低，這是以後在設計性教育課程時要特別注意的。

根據國內外學者對性教育所下的定義，性教育除了狹義的與性有關的生理及生殖方面的知識之外，更應該包含更廣泛的意義。國外學者 Kirkendall 認為性教育的目的有九：(1)提供個人有關他自己在性的生理、心理和社會三方面成熟過程的正確知識；(2)消除個人因性的發展及適應所產生的恐懼與不安心理；(3)建立對性的客觀瞭解；(4)給予個人對兩性關係有較深的認識；(5)使個人瞭解、領會健全的人際關係，能為個人及家庭生活帶來真正的幸福與滿足；(6)使人們瞭解道德價值的需要；(7)提供有關性誤用所連帶發生的問題；(8)提供知識與學習的機會；(9)促使大家共同努力建立一個和諧健康的社會。而性教育的內容主要分為五大類，包括懷孕生育、性經驗、功能與保健、性別認知以及性病態。

記事

生涯發展與輔導

9

周玉真

從早期著重職業選擇與適應的職業輔導，到目前以個人自我瞭解及終生發展為主的生涯輔導，生涯的意涵持續在擴充與延展；生涯的概念貫穿個人一生的發展，而隨著社會價值的多元化、生涯型態的多樣性選擇，生涯議題的重要性也倍受重視。在教育部的第二期輔導工作計畫中，即將生涯輔導列為計畫核心，冀望從各級學校所辦理的相關活動中，引領青年學子瞭解自己與環境，建立對個人未來生活的前瞻性目標。

　　除了政策上的考量，對正處在發展自我認定（self-ident-ity）階段的青少年來說，在建構自我認識的內涵之外，能否在社會及工作環境中，找到一個可以努力的未來目標；在現在與未來的時空中，有一連結的軌道，亦是發展自我認定的重要環節。在目前各級學校皆將生涯輔導列為工作重點之際，本文茲以青少年的生涯發展為主題，論述在進行生涯探索時應注意的重點。

一、生涯不確定是人生必經的發展課題

　　早從幼兒在遊戲中玩扮家家酒，模仿與表演著成人世界中，各種角色的言行舉止與社會功能開始，一個人對自己以後要做什麼（工作與角色），就充滿了憧憬與想像；當這些想像書寫成文字，「我的志願」和「我的未來」的內容，則會隨著生活經驗及個人自己與他人的看法而更迭。而當真正面臨是否要從事某一工作，要將理想落置在現實生活中時，心中的掙扎與難以決定也是無法避免的；即便進入工作世界，成了一位工作者，對於個人已做的決定，仍多少會有不確定的感覺。換言之，不確定性是無法避免的生命樣態，在生涯發展上，自然也是每個人必然要面對的課題。

115

「生涯不確定」（career indecision）是每個人的實際體驗，然而，造成每個人的不確定原因並不全然相同，輔導工作者必須針對個人的狀況加以瞭解，以能相對應的提出適當的輔導策略。就目前的分類中，Fuqua 和 Hartman（1983）將之分為以下三種類型：

㈠發展性的生涯不確定（developmental career indecision）

　　Rojewski（1994）稱之為轉換期（或過渡期）的生涯不確定（transitional career indecision），是指因為生活經驗及工作經驗有限，因而侷限個人對自己及工作世界的瞭解，以致無法做決定；處在發展自我認定之關鍵階段的青少年，皆會經歷這類的生涯不確定狀態（Vondracek, Schulenberg, Skorikov, Gillespie & Wahlheim, 1995）。

㈡情境性的生涯不確定（situational career indecision）

　　此類型者的不確定，是導因於外在情境的壓力事件，以及個人對外在情境的不當反應。例如，對一位已經確立自己生涯方向與目標的青年學生而言，如果因為家庭或生活中的某一壓力事件發生後，致使個人必須改變原先的生涯計畫；再如，目前因為經濟不景氣，部分廠商受到影響而倒閉或裁員，這些變動必然引發當事者重新的經驗再一次的不確定感。

㈢慢性的／長期的生涯不確定（chronic career indecision）

　　這類生涯不確定主要是因為個人負面的特質與態度所導致，Salomone（1982）稱之為生涯猶豫決定型；生涯猶豫者的性格特徵，包括（黃玫瑰，民 85；Salomone, 1982）：

　　1. 無法也不願做決定，即使在一段長時間、一步接一步的生涯決策諮商後也如此。

　　2. 問題一再重複，而且每每偏離主題。

3. 對自己的生涯問題表示高度焦慮、憤慨與挫折等負面情緒。

4. 雖然向他人求取建議，但似乎不把它們當一回事。

5. 依賴父母型的他人給與認同感。

6. 在情緒及經濟上相當依賴；當覺得自己可能無法依賴時，就顯得非常害怕。

7. 相當具有操縱性，習慣於抱怨。

8. 改變行為的動機相當薄弱。

9. 自信心低，自尊也低。

10. 外控。

11. 傾向於怪罪別人。

12. 習得無助感，並且從表現無助行為謀得照顧。

　　值得注意的是，上述這些長期累積下來行為特質，只適合用在成人；只有成人才可能被評斷為生涯猶豫者（Salomone, 1982），如此方能區分出與青少年正在發展階段的可能類似情況有所不同。

　　「人生可以規畫嗎？如果不確定感是生命的必然，那麼，人真的可能照著規畫的路徑過日子嗎？」這是很多人在面對生涯規畫這四個字時最可能提出的質疑，因為許多人似乎是靠著船到橋頭自然直的經驗在工作與生活。不過，隨著目前社會多元化，生活型態日益複雜多樣，再加上職業項目琳瑯滿目，如何做出一個最適性的生涯選擇與決定，已非往昔的單純，就如同現在要購買一樣物品，面對著品牌眾多的購物架上，往往會有不知如何萬中挑一的茫然感一樣。生涯規畫的課題，是透過一連串的步驟，有目的的協助統整個人的能力、興趣、性格、價值觀等個人資料，並與外在環境的相關訊息做一對照，從而決定出符合個人的職業選擇與生活型態。一個決定和選擇，不可能完全除卻不確定的狀態，但是，如果是經由全盤的、周延的考慮，可以減低不確定感的發生和比例，而這正是生涯規畫的目標。

二、生涯發展要素——知己、知波與抉擇

透過一個有系統的規畫方式,可以漸次減低個人在面臨一步一步選擇時的不確定感,而所謂系統化的生涯規畫方式,國內學者林幸台(民80)將生涯發展要素區分為三,分別是知己、知彼、抉擇與行動,其間的關係如圖9-1。

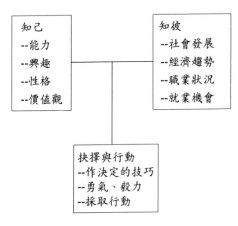

圖 9-1　生涯發展三要素
(林幸台,民80,頁12)

圖.9-1的三要素是由兵法上的知己知彼百戰百勝而來。就理論上而言,一個有系統的生涯規畫過程,需要從知己與知彼兩方面著手,而後加上選擇與決定的技巧;而在這三要素中,每一要素的重要性會隨著年齡的不同而不同。可想而知的是,對中小學生來說,探索個人的能力和興趣是最主要的重點,此時尚不需要做任何的生涯決定;即使是國三學生,不管是要升學或就業,因為尚未就業,所以仍只是在對自己的能力、興趣、性格、價值觀等探索的階

段；到了高中、高職、專科階段，需要將知彼的部分和自己連起來，到了大學或要進入社會，就必須將三個部分連接起來（林幸台，民80）。

　　依圖 9-1 的內涵，生涯輔導的內容可依對象的發展需要，分為自我探索、環境探索、生涯抉擇，以及生涯安置與追蹤四部分（林蔚芳，民 86），其中個人的自我了解是生涯規畫的根本，亦是青少年階段的生涯發展重點。自我探索是青少年生涯發展與輔導的任務與課題，其重要性在許多大學生普遍處於迷失方向或未定向的型態（金樹人、林清山和田秀蘭，民 78）而更為突顯。在目前升學主義的狀況下，每個人接受學校教育的年限延長，有關個人的生涯安置與決定自然延後；然而，延緩發展的結果，並未使個人更清楚自己的生涯定向，因而學校在提供生涯輔導措施時，能否相對的提供給個人對自己更清楚的了解，為其後的生涯決定做紮實的基礎，自然也是備受重視的環節。

三、影響生涯發展與自我探索的因素——
從理論的觀點來看

　　目前倍受重視與矚目的生涯理論，當屬 D. E. Super 的生涯發展論。依 Super 的觀點，國、高中階段的青少年，在生涯發展任務上，乃是從學校、休閒活動及各種工作經驗中，進行自我探討，其中需要考慮個人的需要、興趣、能力，做暫時的決定，並有機會嘗試職業偏好，予以具體化，而「能力」和「興趣」則是進行自我探索的重點，目前在許多學校裡進行生涯探索活動時，多以其為主要探討內容。然而從經驗中亦不難發現，以發展論的觀點來看個人自己這部分的因素時，「我的興趣如何而來？怎麼判斷我這時

候是喜歡或不喜歡某項工作？」是許多人在回答職業或生涯興趣量表時經常會問的問題；事實上，Holland 從此觀察中發現，個人所選擇的職業，就是其人格特質的一種展現，因而在其所提出來的類型論中，就將興趣等視為人格特質，換言之，在探討個人的職業興趣時，可與其人格特質一同探討，二者並非獨立的因素。

除了根據個人對於自己「我能做什麼」（能力），以及「我想做什麼」（興趣）來選擇工作或職業之外，對外在環境的瞭解亦是規畫生涯步驟中的一大重點。然而，環境因素對個人抉擇的影響，並不只是工作機會的有無或多寡而已，其對個人的興趣，乃至於性格及工作價值觀的塑造，亦有重大的影響。有關社會環境因素對個人職業選擇的影響，L. S. Gottfredson 的理論有較為詳盡的描述與說明，亦可以針對個人的能力與興趣如何，而有更多的了解。以下簡單介紹 Gottfredson 理論的重要概念。

Gottfredson 的職業志向發展論

Gottfredson（1981）結合社會學和心理學的觀點來說明個人生涯發展的歷程，在這個過程中，人們是在找尋與自己「自我影像」適配的職業，而決定個人自我影像和職業選擇的變項（因素）包含了「性別」、「社會階層」、「能力／智力」、「價值」和「興趣」。

她又提出職業偏好的設限（circumscription）和妥協（compromise）兩個概念，來說明影響一般人偏好某些職業選擇，而捨棄另外一些職業選擇的重要因素。這兩個不同向的選擇邏輯之運作，可簡單說明如下：

㈠職業偏好的設限

依 Gottfredson 的想法，小孩子最開始的時候，皆認為自己適合所有的職業。之後則隨著「自我影像」決定因素的

影響，將每一個因素都用來評估自己和某一職業的適配性。
「自我影像」決定因素的建立有四個階段：

1. 三至五歲是大小與權力的趨向，幼兒在此時真正認識到真實的職業世界，而且職業是成人的角色。
2. 六至八歲是性別角色的趨向，從性別角色的認同中，兒童設限某些適合他性別範圍內的職業。
3. 九至十三歲是社會價值的趨向，兒童基於能力（智力）和社經地位的發展而設限適合他可能選擇的職業範圍。
4. 十四歲以上是為內在統一自我的趨向，是指職業選擇的範圍因個人的興趣與價值而窄化。

由於每個職業的典型「性別類型」、「聲望程度」和「興趣領域」都不相同，因此這些指標便窄化了個人可能選擇的職業範圍（稱為「職業的社會空間」），而個人也會淘汰那些不合乎其「自我影像」指標的職業。相對於上述四個階段的發展，每個人在拒絕與其「自我概念」基本上不合的職業時，亦有其階序性：

1. 他們首先拒絕不適合其「性別」的職業。
2. 其次，拒絕與其「社會階層」及「能力／智力」水準不合的職業。
3. 最後，則是拒絕與其個人「興趣」和「價值」不合的職業。

結果產生一個個人認為可以接受的職業範圍，亦即一組個人認為可以接受的職業範圍，只有在特殊的情況下，一個人才可能考慮原先不在其考慮範圍內的職業。

□職業偏好的妥協

並不是每個人都能理想地選擇符合其自我概念的職業；當一個人面臨職業選擇時，必須做妥協。當面臨職業選擇的時候，個人會考慮職業的「性別類型」、「聲望程度」和「興趣領域」等的相關重要性。「性別」是最先發展的層

面，是自我最核心的部分，在做職業選擇時，個人最關心的便是要去媒合自己的性別和職業的性別類型。其次發展的是「社會能力和社經背景」層面，這是社會價值的指標，是影響個人選擇適合自己社會聲望層次的職業中次重要的要素。Gottfredson認為，因為「聲望程度」建立在自我概念發展的較晚階段，因此在重要性上是低於性別，換言之，個人的性別被視為是職業選擇的重要指標，更甚於個人的「能力」和「社經背景」。就職業選擇領域的發展而言，最晚發展的乃是個人的興趣部分，興趣的探索需要認知能力，因此是最晚被建立，也會最早被放棄，所以，「興趣」是職業選擇較弱的指標。

依Gottfredson的上述論點，性別、社會聲望和興趣三個因素的影響力有其順序排列。不過，在劉淑慧（民82）考驗Gottfredson理論的結果卻發現，其相對性順序並非如此，或許可說明的是，這幾個變項不同群體與對象的影響力有不同的排列順序；換言之，這些因素對個人的影響程度有個別差異的情形。

大體而言，Super和Gottfredson的理論皆支持：探索及了解自己的能力和興趣，是青少年在生涯發展上最主要的任務。然而這並不是唯一的因素，Gottfredson提到「性別」因素，事實上，從我們個人的成長經驗都不難發現，當我們在孩童時期扮家家酒時，男孩子與女孩子要做什麼角色與工作已經開始刻板化了，男孩子搶著當醫生、當一家之主，女孩子則是理所當然的當護士和家庭主婦，此時所形成的職業性別刻板印象，對成人之後的學習趨向及志願選填自然有相當深遠的影響。J. L. Holland（1973）就從其實際諮商經驗中發現，大多數人皆以對職業的刻板印象，加上職業接觸的經驗，投射於職業界，而為其職業選擇的基準（董倫河，民86）。

除此之外，Gottfredson將能力的概念視為智力，也就是

學習的能力；個人的能力自然是會隨著學習的經驗而增加或累積，二者自然有等同的關係。過去在談能力因素時，常是指語文、領導、專業知能、人際溝通、文書企劃……等能力，然而這些能力的擁有需要透過學習，學習能力如何，自然也會影響具備程度的優劣；就像錄影帶中有位老師提到，不是每個想做自然科學家的學生都能做科學家，當在理科方面的學習和成績較不理想時，一方面學生本人自然會對這個職業或社會角色減少憧憬，另方面則是因為考試篩選的結果，而減少了他夢想成真的可能性；也可從這裡了解，要建構我的未來不是夢，客觀的抱持符合個人學習能力程度的抱負水準是很重要的自我了解。

　　Gottfredson理論中的另一個因素是職業聲望，是指當時社會的職業流行風潮會影響個人的職業志向，換言之，個人的生涯志向或職業興趣可能來自於社會流行，而非由個人客觀評估自己的真正興趣和能力而來；如果二者之間的落差太大，自然會引發日後在做生涯選擇時的困難！因此，在進行生涯探索的相關活動中，應該針對此一社會流行因素對個人的影響為何做一了解與澄清，以協助學生對自己有更清楚及真正的了解。Gottfredson提到影響個人覺知職業聲望的因素之一是：個人所處的社經地位，雖然她沒有太多有關這個因素的論述，不過，一個人選擇職業，與其在環境中所見所聞的經驗有關，也是相當理所當然的事情，換言之，我們很少有機會去選擇一個我們從來都不知道的職業去學習、去從事，這也可以說明，為什麼許多人在做完職業興趣量表所得的類別結果，若是個人在其生活經驗裡沒有聽聞過的職業名稱，此測驗結果對其個人的參考或依據價值是很低的，除了不熟悉它的一個工作性質之外，沒有餘力或能力去學習它的相關知能也是重要的因素之一。

　　從上述理論的觀點綜合歸納，包括性別、能力／智力、社經地位、社會流行、興趣、性格，以及經由生活環境的

影響所形成的人格特質等，都是影響生涯發展的重要因素，而個人的遺傳特性、生活環境，以及生活環境中的重要他人，對這些因素也有重要的影響，因此更加說明生涯發展與探索要從小紮根的必要性。

四、生涯輔導與自我探索的實施

(一)在實施的形式和作法上，重視學生個別差異的狀況

目前各級學校在實施生涯輔導相關作法上，就教育、諮商與資訊提供三種策略，各策略下又有若干方法，可依據不同情況予以實施（請參考林一真，民81）。而在以青少年學生為對象的作法上，在金樹人（民80）的研究報告中指出，輔導主任與學生所偏好的生涯輔導方式有所不同；在以生涯探索為主題的活動中，輔導主任會認為心理測驗和班級（團體）輔導是最好的作法，然而大多數學生卻喜好以小團體的方式進行。這兩方意見的差異，或許也說明了何以生涯輔導中的自我探索無法落實，無法因應學生個別差異的狀況來切合其個人需要的可能原因了。究其原因，長久以來的輔導人力不足，往往僅能以教育和資訊提供的理念和方式來實施生涯輔導，無法注重不同學生的個別差異；而學生忙於課業，沒有課餘時間參與輔導室所舉辦的小團體活動，也因而相對的減低輔導室／老師為學生籌辦小團體的動機和可能性，這些都是致使生涯輔導的效果未有顯著產出的重要原因。

在影片後段的生涯諮商團體，雖然不是以青少年學生為對象，然而透過團體的互動與澄清，可以協助成員覺察自己的盲點，也可以藉由同儕的經驗，協助成員多面向的處理自己的問題，並進而解決自己生涯方面的困擾。透過一

個可以開放個人問題，並可以得到他人回饋的互動過程，來省察及嘗試解決自己的問題，是班級輔導或靜態的訊息或資料所無法具有的特殊之處。

　　要特別提到的是，個別差異的重視，除了是因爲不同學生在生涯發展與選擇上會有所不同之外，另一值得注意的是，由於社會環境的變遷與時代價值觀的差異，個人的生涯路徑與目前青少年學生所面臨的困擾不一定相同，因而在輔導學生有關生涯發展的問題時，應避免以個人的價值觀強加在學生身上，而忽略了社會環境改變的因素。

㈡在各項相關因素的探索上

1. 引導及澄清形成個人職業志向的原因與背景

　　假如一位女學生表示她未來想當護士，在這種看似生涯已定向的訊息中，仍然有些問題值得我們注意，「這個職業志向如何而來？」「她爲什麼會想當護士？」「是她認爲女性只能當護士？家人這麼期望她的？是因爲好朋友也要當護士？是因爲星座書籍中說她很適合當護士？還是她真的喜歡當護士？」「她對護士的工作內容了解與否？從何了解？」……這些問題透過表達與溝通的過程，讓當事者省察自己的決定由何而來，除了能協助當事者更清楚了解自己目前的職業志向是否是她最好的、最後的選擇之外，對於當事者習慣採用那些訊息來決定自己的生涯選擇，亦能有相當清楚的了解。

2. 協助學生對自己的能力持有一客觀的、相對應的抱負水準

　　由Gottfredson的理論可知，個人的智力（學習能力）是影響個人生涯的重要因素，而工作技能的獲得，當然也與個人的學習能力有關。換言之，「我有沒有能力做什麼事」與個人的智力有關。學業成就雖然不能直接顯示個人學習能力的高低，但大致上來說，學業成就愈佳者，其生涯選

125

擇的廣度就愈寬，反之則愈有限；換句話說，如果學生對自己的未來期待沒有著眼在自己的能力限度上，當然會形成「我的未來只是夢」的空中樓閣。因此，協助學生在個人的能力（成就）與抱負之間有較一致的自我期待，避免學生形成高成就、低抱負，或是低成就、高抱負的生涯目標，影響其個人的生活適應。

事實上，這個現象可能在許多學生的家長身上看得更明顯，他們在孩子身上構築了一個遠大的未來目標，「少小不努力、老大徒傷悲」、「愛拼才會贏」是他們最常叮囑孩子的律令，不管是由於自身的補償，或是因應目前社會的趨勢，高學歷的追求是孩子唯一值得努力的；而當孩子沒有能力奉行父母心願，缺乏來自學業學習上的成就感時，往往會引發親子之間的衝突，造成孩子的情緒與心理困擾。

3. 嘗試以「擇取」和「放棄」兩種選擇方式，模擬職業選擇的過程

依照Gottfredson職業偏好的妥協觀點，當在真正面臨職業選擇時，在無法面面俱到的情勢下，我們務必需要放棄某些堅持，然而在大多數的團體或班級的探索活動中，我們比較習慣要學生選擇「什麼是你想要的、你想做的或是你喜歡做的」，較少逆向操作，反問學生什麼是會最先放棄的因素。事實上，在青少年有限的生活經驗裡，「我要什麼」或許不是那麼容易回答，而如果能嘗試經由「我不要什麼」來思考，並了解其中理由，亦是幫助學生進行生涯自我探索的一個可行方式。

4. 以變動（variable）的觀點做暫時性的發現

生涯是經由一連串的決定逐次塑形，在每一次決定之後，就又限制了當事者之後可以做的選擇。所以，在青少年尚未完全分化自己的性向、興趣之際，所得的結果只能當做暫時的發現，而不能就此當做生涯承諾的決定！待發展至生涯建立的成年期，才可能逐漸穩固成形。

對於工作或生活型態選擇，我們常常會有「一試定江山」的錯誤觀念，「做了決定就不能後悔」是許多人曾經背負的枷鎖，但「山不轉路轉」、「條條道路通羅馬」的例子也比比皆是，再加上目前學制多元化，選唸高職的人，隨著個人生活經驗的擴展與增長，如果之後又考慮自己能力及社會現實等情況，想再繼續唸大專，還是很有機會繼續升學的。

(三)協助家長具備正確的生涯發展觀念，並從旁協助學生進行生涯試探

除了協助學生進行生涯探索之外，家長通常是影響學生決定的重要關鍵人物，或許更直接的說，許多父母會用自己的標準來要求孩子未來應該做什麼工作、過什麼生活，而當生涯自主權不在自己身上的時候，學生對於自己未來想做什麼，自然不會關切，更遑論以後要做什麼生涯決定了。

如果家長對於生涯發展有較正確的概念，能夠以孩子為中心，以不為其作主的態度從旁協助孩子從經驗中擴展自己的興趣和能力，並對孩子的學習成就抱以適切的期待，方是孩子最得力的生涯助手。因此，提供學生家長對青少年生涯發展的重要觀念及實施方式之了解，亦是學校在實施生涯輔導時可以著力的對象。

↓ 參考書目

林一真（民 81）：大學生生涯輔導具體措施研究報告。教育部輔導工作六年計畫研究報告（未出版）。

林幸台（民 80）：生涯輔導的理論與實際。學生輔導通訊，14 期，11～19 頁。

林蔚芳（民 86）：生涯輔導。載於劉焜輝主編，輔導原理與

實務，153～196頁 。台北：三民書局。

金樹人（民80）：國民中學生涯輔導具體措施研究報告。教育部輔導工作六年計畫研究報告（未出版）。

金樹人、林清山和田秀蘭（民78）：我國大學生生涯發展定向之研究。教育心理學報，22期，67～190頁。

黃玫瑰（民85）：三十歲轉型期生涯猶豫決定型社會青年的壓力調適。諮商輔導文粹，1期，87～108頁。

董倫河（民86）：生涯發展方案增進國小六年級學生生涯成熟、生涯抱負之實驗研究。國立彰化師範大學輔導學系碩士論文（未出版）。

劉淑慧（民82）：性別適切性、職業聲望、職業性向與職業興趣在職業評量上的相對重要性：以情境與刺激型態為中介變項考驗 Gottfredson 的理論。中華輔導學報，1期，192～214頁。

Fuqua, D, R. & Hartman, B. W. (1983). Differential diagnosis and treatment of career indecision. *The Personnel and Guidance Journal*, 62, 27-29.

Gottfredson, L. S. (1981). Circumscription and compromise: A development theory of occupational aspirations. *Journal of Counseling Psychology Monograph*, 28, 545-579.

Rojewski, J. W. (1994). Career indecision types for rural adolescents from disadvantaged and nondisadvantaged backgrounds. *Journal of Counseling Psychology*, 41, 361-363.

Salomone, P. R. (1982). Difficult cases in career counseling: II-the indecision client. *The Personnel and Guidance Journal*, 60, 496-500.

Vondracek, F. W., Schulenberg, J., Skorikov, V., Gillespie, L. K. & Wahlheim, C. (1995). The relationship of identity status to career indecision during adolescence. *Journal of Adolescence*, 18, 17-29.

10

校園精神疾病之介紹及輔導策略

郭麗安

一、前言

　　精神疾病的歷史與人類存在的歷史一般久遠，只要有人類存在，就有精神疾病的蹤跡，即使如此，社會大眾對精神疾病及其患者仍持有許多負面且諱疾忌醫的態度。許多人一想到此病，就會聯想到怪怪的、邪魔附身，或是給人沖到等形容詞，實際上的狀況，只是生病而已，就像有人會得糖尿病，有人得高血壓，這些疾病都跟生化因素——也就是體質、個人適應力，以及後天環境有所關聯。而校園環境這個因素對青少年而言更是重要，因為絕大多數的青少年每天至少要花八個小時的時間在校園中，學業及與同儕團體生活的壓力易使個體的不良體質因素被誘發出來，根據研究，開始上學通常是孩童問題首次被察覺的時候（Costello & Costello, 1992），但逼使成人不得不正視其異常行為往往是青少年時期。

二、校園中最常見的精神疾病

　　校園中較常發現且又值得教育工作者注意的精神疾病有那些呢？大體而言，可以發現有以下九種, 茲列舉如下：
  1. 憂鬱症。
  2. 行為偏差。
  3. 精神分裂症。
  4. 強迫性疾患。
  5. 體化症。
  6. 廣泛性焦慮症。
  7. 社交恐懼症。

8.妄想型人格異常。

9.厭食症。

　　首先，我們先來看看憂鬱症是怎麼回事：

(一)**憂鬱症**(Major Depressive Disorder)

　　校園中的輕生、自殺事件頻傳。在一般大眾的印象之中，會去自殺的孩子，大概都是因為受到過大的刺激，以致於無法承受而走上絕境，就像最近臺中女中資優生跳樓自殺事件，是因為情所苦所困。其實根據研究，憂鬱及沒有價值感才是引導青少年走上絕路的主因，會去自殺的人，當中至少有八成的人是因為憂鬱作祟（Lesage, Boyer, Grunberg, Vanier, Morissette, Menardbuteau & Loyer, 1994）；而郭麗安和林哲彥（民 86）的研究也顯示，將近有三分之一的大學新生患有輕度憂鬱的情緒。但是，因為人的情緒有高低、有起伏，所以一般人往往不容易認識憂鬱的情緒。在臨床上，到底一個人的情緒低落到何種程度才叫患者呢？以下便用 DSM-IV（APA, 1994）的診斷標準來說明：

　　1.兩個禮拜以來，幾乎每天都悶悶不樂，或者變得易怒。

　　2.失去對往日常從事活動的興趣，像本來如果喜歡聊天、看電影，罹病後便都不喜歡從事了。

　　3.失去胃口，沒有食慾。

　　4.幾乎每天睡不好或失眠。

　　5.動作變得遲緩或異常亢奮。

　　6.失去活力或容易感到疲倦。

　　7.幾乎每天都有罪惡感或自覺沒有價值感。

　　8.從事具體思考的能力逐日減低，變得很猶豫不決。

　　9.常會想到死，或甚至會發展出自殺的計畫。

　　只要上述九點中，有五點以上的症狀出現，那麼，就有可能是憂鬱症患者了。看起來很容易就達到此病的診斷標準，不過，真要符合診斷的話，這些症狀不僅要持續二個

禮拜以上，還得嚴重到干擾日常生活，才能算是憂鬱症患者。

根據研究，憂鬱症與腦神經的傳導物質——像是血清素有密切的關聯，體質的遺傳扮演相當重要的角色。然而，校園這個環境，對憂鬱症的誘發仍有其一定的影響。我們都知道，青少年的心智仍不成熟，所以比起成年人而言，更容易受到外界環境的刺激。若在學青少年常常考試考不好，不斷被旁人提醒因為他使得全班的平均分數被拉低，讓老師及同儕丟臉，日積月累的罪惡感，便引發或加重了憂鬱的情緒。目前台灣仍有許多學業上有低落自尊的學生，他們學業生活的挫敗，已經夠令自身難過了，如果學校的老師沒注意到這種心理，在學生挫敗時，外加上言詞的刺激，就容易使學生拿自殺作為逃避壓力的一種方式。根據研究，十五歲到十九歲的年齡層中，青少年的自殺問題有不斷增加的現象，而且從歐洲、美洲到亞洲皆是如此，大概一百個青少年中，有十個青少年企圖自殺過（Meehan, Lamb, Saltzman & O'Carroll, 1992）。

因此，對青少年而言，因為絕大多數的青少年們擁有校園生活，而校園生活若充滿著挫敗與無助感，學生又沒機會習得處理挫折的技巧，那就難怪有些台灣學生要選擇在校園內仰藥，甚至跳樓來抗議學習生活的困難了。

(二)行為偏差(Conduct Disorder)

青少年的行為偏差除了會影響其學業及社會功能，也是威脅校園安全的一大因素。這些所謂的「校園小霸王」往往是教育工作者頭痛的對象。就其罹患率而言，男性的青少年是6％至16％，女性青少年是2％至9％(APA, 1994)。整理DSM-IV的診斷標準來看，大概要符合以下幾個標準：

1. 對人或動物有強烈攻擊性。
2. 對自己的行為缺乏反省。
3. 對受害者的痛苦無法感同身受。

133

4.常毀損、侵佔他人財物。

5.常說謊、偷竊、縱火。

6.無法遵守常規。

　　行為偏差的行為有很多，像社會、家庭的不良示範，個人的人格異常，或生理的內分泌異常都有可能。但也有青少年是情緒極度低落，患了憂鬱症，但卻透過暴力、憤怒的行為來自我發洩，所以情緒極端狂亂，行為乖戾囂張，如飆車的青少年也有可能是憂鬱症的患者。諷刺的是被這種「校園小霸王」長期勒索或吃豆腐的女生，也有可能因成天生活在令人恐懼的校園中，而得到前述的憂鬱症或拒學症。所以對從事校園教育工作者而言，我們若不處理好行為偏差的學生，則我們便會無形中讓校園生活成為許多青少年的夢魘，影響其心理健康。

㈢精神分裂症(Schizophrenia)

　　精神分裂症可說是我們最常聽到的一種精神疾病，雖然它的發生率略低於人口的1％，但因為精神分裂症患者的症狀很明顯，且通常需要長期的或重複的住院治療，因此，一般人對其印象很深刻。也可說是精神疾患中最嚴重、預後較差的一種類型。

　　精神分裂症的主要症狀包括思考、知覺、情感等多方面的障礙，其心理活動與現實有明顯的脫節。譬如當事人也許會認定別人都要害他、毒死他，這種現象叫妄想；當事人若聽到別人在其耳邊恐嚇他，而實際情形並非如此，這種現象叫做幻聽。 此外，明顯的症狀還包括思緒、語言的不連貫，情感的表現與外界情境、刺激有落差。此種疾病發展到最後，通常會呈現人格崩潰的狀態，幸而校園中屬於此案例的患者乃屬極少數。一般而言，約有三分之二第一次因精神分裂症住院的患者，是在十五至四十五歲之間，高峰期是青少年期或成年初期，而發生率並無性別上的顯

著差異。

　　精神分裂症的起因，到目前為止，與遺傳、生化、神經生理、早年心理創傷、不良的親子和家庭互動、錯誤的學習和適應方式、過度的生活壓力和補償失效均有關聯。像這種喪失現實感的心理疾病，特別需要強調的是，醫藥的介入是不可或缺的，早期發現時，需多住院治療，當症狀有所改善時，再改為門診治療，而要治療此病，勢必需要醫療、諮商、學校輔導人員與家人的通力團隊合作。而與校園工作者有關的是，當青少年罹患此病時，其發病的特徵或妄想的內容，往往涉及學業的失敗，或同學的不友善，甚至老師的迫害，而家長往往無法辨識此為現實或幻想。再加上少有家長能接受自己孩子是精神病人的事實，所以均會等孩子病況十分嚴重了，才向心理治療機構單位求助。因此，教師對這類的青少年病患要具有辨識的能力，更重要的是，辨識出來後，要能冷靜堅定的與家長溝通，協助家長接受他們的孩子生病了的事實，進而與家長協力合作將孩子送往合適的單位醫治，否則錯過了醫療的第一時間，或是任由家長將孩子送去詐財的不法組織做所謂的民俗療法，則將誤了孩子的一生。

㈣強迫性疾患

　　強迫性疾患指的是自己所不希望的念頭、衝動或行為不斷地縈繞心頭或持續出現。譬如你明知水龍頭已經關好了，卻因放不下心而在離家後重回家中拴緊那其實已關緊的水龍頭；或者你明知自己的手已洗得很乾淨了，卻因控制不了的衝動而一洗再洗。在校園中常見的強迫性疾患的內容除了上述兩樣外，尚有不斷擔心廁所的門會夾傷人，數教室天花板上的日光燈發出吱吱叫聲的次數，重複背某段已滾瓜爛熟的公式或課文而不可自己等。

　　在當事人冷靜時，他們總會自覺上述這些想法或行為是

沒有意義，且浪費時間的；但一旦生活中的焦慮感升高時，這些儀式化的想法或行為卻很自然地被用來作為釋放緊張的手段，雖然在從事後總會帶來某種程度的自責感，但當事人往往身陷其中而不可自拔。就像是電影「愛你在心口難開」的男主角一般，每天都要儀式化的到同一家餐廳找同一位女侍服務，用自備的刀叉，坐同樣的位子，在同樣的時間，否則他就會寧可挨餓且焦慮到做任何事都失去方寸一般。

(五)體化症（Somatization Disorder）

當某人經常抱怨身體出了毛病或很不舒服，而醫生的看診卻找不出任何生理上的問題時，這些抱怨往往反映出了當事人心理上的衝突，此種現象稱為體化症。

在校園中，常可看到青少年抱怨這裡酸那裡痛，或頭腦昏沈、四肢乏力、心臟快要停止跳動、無法專心上課而只好請假在家休息靜養。當事人或許是因為學業的挫敗感、人際的壓力、親子關係的衝突，或父母婚姻關係的緊張，而將此心理反應轉化為身體的不適。他們真的感到不適，因此經常去看醫生，花費大量的時間與金錢於不必要的治療甚至是住院上。

體化症可說是一種原始的溝通方法，患者因為不敢、不願，或羞於將其感覺或想法以語言表達出來，退而使用身體來表達內心的不安、憤怒、恐懼或疑慮等情緒。當事人通常因為其症狀，不僅處理了原本的心理挫折或衝突，免於面對上述的負面情緒外，還可藉著身體的症狀來懲罰他人，使他人難受，或博取他人的同情、關懷與照顧，得到了附加收穫。這些正向增強易因此強化當事人的症狀，使其繼續發展下去。

㈥廣泛性焦慮症（Generalized Anxiety Disorder）

廣泛性焦慮症指的是一種慢性、長達半年以上、過度擔憂某個生活事件的狀況。事實上，這類患者幾乎對任何事均存有病態性之過度焦慮。校園中常看到學生為下個月的考試緊張的茶飯不思、上下課都坐立不安、心悸、吞嚥困難、失眠、易受驚嚇等情形；或者為了擔心與同學的友誼可能在將來生變，便緊張得肌肉疼痛、容易疲倦、口乾舌燥、容易發冷要不就是發熱、注意力不集中、一副如臨深淵如履薄冰的大禍臨頭樣，這些都是罹患廣泛性焦慮症的典型症狀。

㈦社交恐懼症（Social Phobia）

約有15%的女性與11%的男性在一生中會為社交恐懼症而苦(Davidson, Hughes, George & Blazer, 1994)，患者最常在青少年時期發病。當事人由於非理性的恐懼而避免接觸任何社交情境，擔心自己若置身於眾人前則必會出糗，這些糗事包括說不出話來、全身顫抖、進食困難等。雖然當事人也會覺得自己的擔心超乎常情，且糗事也未必會出現，但仍禁不住害怕而持續地逃避此種情境，他們若不得已出現在眾人面前時，往往因羞怯而臉部漲紅或行為愚鈍，所以不敢當眾發表意見或上台寫黑板，甚至吃便當或上廁所都避開眾人而私下單獨進行。此種行事風格最終將干擾其社會功能及人際關係。

強迫症、體化症、焦慮症與社交恐懼症的共通點

基本上，強迫性疾患、體化症、廣泛性焦慮症及社交恐懼症的患者，我們都可以觀察到他們的個性有一個共同的特徵：那就是求全心切、完美主義，但同時又夾雜著對失落、失敗的極端恐懼。而病症表現的共通點則是情緒上充

137

滿焦慮、不安、恐懼與自貶。確實，精神疾病容易發生在擁有上述個性的人，但是，這種個性或上述這些病是如何發展出來的呢？歸納而言，以下幾項是可能的原因：

1. 早期的人際剝奪

   早年在情緒及生理的需要上，被過度的剝奪，以致於自己會覺得自己沒有價值，長大後為了証明自己的價值，求全心切便成了人生首要目標。

2. 父母的管教失當

   當父母透過高壓式的管教或以誘惑、性騷擾的方式干擾孩童正常的發展時，孩子將無法發展出適當的自我概念與因應行為，結果便是當生活遇有壓力時，內心便充滿焦慮不安。

3. 不當的自我學習

   透過觀察、模仿或自身經驗的制約學習，將焦慮、自我懷疑等情緒內化成性格的基礎。

由以上所述可知，培養一個性格健全的孩子，父母及孩子周遭的人扮演著十分重要的角色。就校園工作者而言，雖然我們常聽說江山易改，本性難移，但是當父母將孩子送到學校時便是期望教育能對孩子的性格有個正確的引導方向。所以對一些性格不夠健康的孩子，校園若充滿競爭戰鬥的氣息，會使他們的緊張、不安、自卑、退縮加劇；反映出來的便是課業與社交生活的全面棄守，而上述四種病症的患者都不像行為偏差者，他們不會出現暴力行為，也不會作怪，所以易被忽略，但這種長期自我困擾的行為，確實對個人日後的適應力有十足的殺傷力。因此老師在遇到這種孩子時，不僅要能當青少年的壓力閥，幫助他們過濾掉不必要的心理壓力，更要佈置一個安全的、沒有心理威脅的學習環境，才能將青少年的性格導向較自信、樂觀、自尊尊人的狀況。

除了上述七種精神疾病外，屬妄想型的人格異常與厭

食症也是校園中不乏見之疾病，以下便略爲介紹：

(八)妄想型人格異常

妄想型人格異常的患者跟前面的患者不同的是，前面的患者在解釋其發病原因時，或多或少都可舉出一個相當明顯的誘因事件，而人格異常是一種長期建立的人格特質，當事人對人的懷疑、不信任滲透到他所有的思想和行爲中，因此長期以來任何人的行爲都會被解釋爲有敵意的。在校園中，患者所表現出來的典型症狀是懷疑、不相信別人，譬如，專門挑老師跟同學的語病，來証明別人都要傷害他、設計他。像老師在班上宣布掃公共區域的同學要認真做事時，當事人可能就會認爲老師是針對他開罵，而老師之所以會如此，一定是某某同學去打小報告，他就會去找某某人理論。通常當事人是滿嚴肅的，缺乏幽默感，容易妒嫉功課比他好的人，但對功課比他差的人，他也會瞧不起他們，如果有人得罪他的話，他不太會寬恕對方。雖然當事人有時候也會看起來焦慮或害怕，但焦慮並非是主要的特質，最主要的還是對他人的行爲作扭曲、惡意的解釋。前面的患者是自己感到很痛苦，但人格異常的人，是他周遭的人比他自己還要痛苦，因爲常被他扭曲冤枉，他自己反而不怎麼難過。一般而言，當事人都過著相當狹窄而固定的生活，對現實也都還有相當現實的接觸，就成因而言，遺傳與早年不良經驗是比較常被發現的原因。

(九)厭食症

在這個充滿著「瘦就是美」迷思的時代裏，女性朋友相見動不動就互勉要節食，這種環境難怪會使厭食症的人越來越多了。校園中往往看到一個個瘦子認真的埋怨自己太胖，連看到鏡子都會生氣，嫌自己是個大肥豬。有些女學生每天只吃二個蘋果，再配上一點開水與果汁，甚至瘦到

連月經都不正常了，可是還是嫌自己太胖。要是同學勸她，她通常不太理睬，親人相勸則易招致要控制她、不給她自由的指控。

根據臨床的觀察，發現厭食症的女生經常以一些不客氣的用語來描述他們的母親，像過度專制、多管閒事、蠻橫無理，感情中帶有明顯的愛恨交雜。而在父親方面，也發現父親與女兒的溝通方式滿混亂的，常提供雙重訊息，導致孩子自尊心往往很低，自己會覺得做事沒有效率。背後主要的問題是自我認同困難，藉著不進食、反叛來奪取身體的自主權，但在治療上倒是滿樂觀的，有70％的治癒率。而其中，家族治療被認為是相當有效的治療，由此可知，家庭教育與子女性格還有心理疾病之間的密切關聯性。

描述了上述的心理疾病的例子後，以下讓我歸納統整一下心理學界對精神疾病成因的解釋。

前面我們已經提到體質的生化因素、後天環境與個人適應力三個因素都與精神疾病的發生有關。所謂的體質生化因素包括了遺傳、腦部受損、神經傳導物質的分泌量等。精神分裂及情緒異常都已經被專家證實與生化因素有密切的關聯。但是，我們也同時可以看到，同樣的體質與遺傳因子，為什麼有人會發病，有人不會，那就是還有後天環境與個人適應力等因素的影響。像有些人得天獨厚，家庭溫暖，手足、朋友等人際支持網路綿密，外加挫折容忍力高，性格堅毅開朗，就不易發病；相反的，有人即使體質良好，但生存環境惡劣，外加自己沒有習得良好的適應方法，就容易得精神疾病了。

三、辨識技巧

至於如何辨識真正需要幫忙的學生呢？以下有幾個簡單

的方法：

1. **外觀**：教師可從學生的外表、個人衛生、穿著打扮、身體健康情形評估學生的正常與否。

2. **活動情況**：步態、姿勢、活動度、奇異（或退化）行為等皆可相當程度的反映出個人是否異於常態。

3. **情緒**：可從情緒狀態、情感表達的合適度、情緒的波動、特殊的情緒表現等幾個方向評估學生的狀況。

4. **語言**：說話的速度、語調、話量之多寡、表達之清晰度也可看出個體的正常與否。

5. **思考**：思考內容（有無脫離現實之妄想、自殺意念）、思考流程（有無中斷、快速改變）。

6. **知覺**：有無幻覺（聽幻覺、視幻覺）。

7. **智能**：注意力集中情形、判斷力、記憶力、抽象理解能力等。

四、結論

總之，目前我們大致是以生化、環境、個人適應力三個互動的觀點來解釋精神病的成因。而在處理策略上，也是以用藥來改善體質，用家族治療、心理治療，包括團體治療及個別治療來改善個人的適應力，也就是加強個體的心理健康；此外，教育工作者，包括從事學校及社會教育的人，還有社工人員也有責任來幫助當事人改善其所生存的環境條件，尤其是教育工作人員，更有責任要提供青少年優質的學習環境，幫助他們在心理上、性格上能成熟地發展，如此方可稱的上是完整有效的處理方式。

只要處理得當，所有的精神疾病症狀都可得到解緩；如果在發作的第一時間接受完整的治療，則痊癒絕不是天方夜譚。

只要是人，就一定會有生病的時候，重要的是我們要用體恤的心對待生病的人，而且幫助他們尋求合適的生理及心理之醫療機構。那邊有比較完善的醫療機構呢？以下便是各區域的核心醫院，若有需要，可以到下列醫院去查詢鄰近的合格醫療單位：

　　1. 台北地區：台北市立療養院。
　　2. 北部地區：省立桃園療養院。
　　3. 中部地區：省立草屯療養院。
　　4. 南部地區：成大附設醫院。
　　5. 高雄地區：高雄市立凱旋醫院。
　　6. 東部地區：玉里榮民醫院。
　　7. 澎湖地區：省立澎湖醫院。

↓參考書目

郭麗安、林哲彥（民 86）：逢甲大學新生的心理健康研究。
　　社會變遷中的青少年學術論文研討會論文集，175～193
　　頁。彰化師範大學輔導學系（未出版）。

American Psychiatric Association. (1994). *Diagnostic and Statistical Manual of Mental Disorders (4th ed.)*. Washington, DC: Author.

Costello, T. W. & Costello, J. (1992). *Abnormal Psychology*. Harper Collins Publishers, Inc.

Davidson, J. R., Hughes, D. C., George, L. K. & Blazer, D. G. (1994). The boundary of social phobia: Exploring the threshold. *Archives of General Psychiatry*, 51, 975-983.

Lesage, A., Boyer, R., Grunberg, F., Vanier, C., Morissette, R., Menardbuteau, C. & Loyer, M. (1994). Suicide and mental disorders: A case-control study of young men. *American Jour-*

nal of Psychiatry, 151, 1063-1068.

Meehan, P., Lamb, J. A., Saltzman, L. E. & O'Carroll, P. W. (1992). Attempted suicide among young adults: Progress toward a meaningful estimate of prevalence. *American Journal of Psychiatry*, 149, 41-44.

國家圖書館出版品預行編目資料

諮商實務有聲圖書學習手冊／蕭文策畫製作. --
　初版. --臺北市：心理，1999（民 88）
　冊；　　公分. --（有聲圖書；2）

ISBN 978-957-702-304-9（第二輯：平裝）

1. 諮商－手冊，便覽等

178.4026　　　　　　　　　　　　　88000382

有聲圖書 2　諮商實務有聲圖書(二)學習手冊

總　策　畫：蕭文
總　編　輯：林敬堯
出　版　者：心理出版社股份有限公司
社　　　址：台北市和平東路一段 180 號 7 樓
總　　　機：(02) 23671490　傳　真：(02) 23671457
郵　　　撥：19293172　心理出版社股份有限公司
電子信箱：psychoco@ms15.hinet.net
網　　　址：www.psy.com.tw
駐美代表：Lisa Wu　tel: 973 546-5845　fax: 973 546-7651
登 記 證：局版北市業字第 1372 號
印　刷　者：玖進印刷有限公司
初版一刷：1999 年 1 月
初版三刷：2006 年 9 月

定價：新台幣 200 元　　■有著作權‧侵害必究■
ISBN-13 978-957-702-304-9
ISBN-10 957-702-304-5

讀者意見回函卡

No. _____   填寫日期：　年　月　日

感謝您購買本公司出版品。為提升我們的服務品質，請惠填以下資料寄回本社【或傳真(02)2367-1457】提供我們出書、修訂及辦活動之參考。您將不定期收到本公司最新出版及活動訊息。謝謝您！

姓名：_____　性別：1□男　2□女

職業：1□教師 2□學生 3□上班族 4□家庭主婦 5□自由業 6□其他____

學歷：1□博士 2□碩士 3□大學 4□專科 5□高中 6□國中 7□國中以下

服務單位：_____　部門：_____　職稱：_____

服務地址：_____　電話：_____　傳真：_____

住家地址：_____　電話：_____　傳真：_____

電子郵件地址：_____

書名：_____

一、您認為本書的優點：（可複選）

　❶□內容 ❷□文筆 ❸□校對 ❹□編排 ❺□封面 ❻□其他____

二、您認為本書需再加強的地方：（可複選）

　❶□內容 ❷□文筆 ❸□校對 ❹□編排 ❺□封面 ❻□其他____

三、您購買本書的消息來源：（請單選）

　❶□本公司 ❷□逛書局⇨_____書局 ❸□老師或親友介紹

　❹□書展⇨____書展 ❺□心理心雜誌 ❻□書評 ❼其他_____

四、您希望我們舉辦何種活動：（可複選）

　❶□作者演講 ❷□研習會 ❸□研討會 ❹□書展 ❺□其他____

五、您購買本書的原因：（可複選）

　❶□對主題感興趣 ❷□上課教材⇨課程名稱_____

　❸□舉辦活動 ❹□其他_____　　　　　（請翻頁繼續）

廣　告　回　信
台 北 郵 局 登 記 證
台 北 廣 字 第 940 號

（免貼郵票）

 心理出版社 股份有限公司

台北市 106 和平東路一段 180 號 7 樓

TEL: (02) 2367-1490
FAX: (02) 2367-1457
EMAIL:psychoco@ms15.hinet.net

沿線對折訂好後寄回

六、您希望我們多出版何種類型的書籍

❶□心理　❷□輔導　❸□教育　❹□社工　❺□測驗　❻□其他

七、如果您是老師，是否有撰寫教科書的計劃：□有□無

　　書名／課程：＿＿＿＿＿＿＿＿＿＿＿＿＿＿＿＿＿＿＿＿＿＿＿

八、您教授／修習的課程：

上學期：＿＿＿＿＿＿＿＿＿＿＿＿＿＿＿＿＿＿＿＿＿＿＿＿＿＿＿＿

下學期：＿＿＿＿＿＿＿＿＿＿＿＿＿＿＿＿＿＿＿＿＿＿＿＿＿＿＿＿

進修班：＿＿＿＿＿＿＿＿＿＿＿＿＿＿＿＿＿＿＿＿＿＿＿＿＿＿＿＿

暑　　假：＿＿＿＿＿＿＿＿＿＿＿＿＿＿＿＿＿＿＿＿＿＿＿＿＿＿＿＿

寒　　假：＿＿＿＿＿＿＿＿＿＿＿＿＿＿＿＿＿＿＿＿＿＿＿＿＿＿＿＿

學分班：＿＿＿＿＿＿＿＿＿＿＿＿＿＿＿＿＿＿＿＿＿＿＿＿＿＿＿＿

九、您的其他意見

謝謝您的指教！　　　　　　　　　　　　　　　　　23402